Tanja Kende, März 99

Gerl

Moderne Hypnose: Hilfe durch das Unbewußte

Der Autor

Dipl.-Psych. Wilhelm Gerl wurde 1942 in München geboren. Dort arbeitet er als Klinischer Psychologe, Psychotherapeut und Supervisor. Als Ausbilder in verschiedenen Therapieverfahren und als Coach für Führungskräfte ist er international tätig.

Dipl.-Psych. Wilhelm Gerl

Moderne Hypnose: Hilfe durch das Unbewußte

- Wie Hypnose wirkt und wann sie sinnvoll ist
- Was geschieht mit mir in den Sitzungen?
- So finde ich den richtigen Hypnosetherapeuten

TRIAS

Leserservice:

Wenn Sie Fragen oder Anregungen zu diesem Buch haben, schreiben Sie uns:
TRIAS Verlag
Postfach 301107
70451 Stuttgart

Lektorat:
Stefan Vieregg M.A.

Außenlektorat:
Dipl.-Psych. Adrian Urban

Umschlaggestaltung:
Cyclus · D+P Loenicker, Stuttgart

Bildnachweis:
Umschlag vorne und hinten: Stock Market
Fotos im Innenteil: Joachim Skambraks, München
Abb. S. 78: Dr. Burkhard Peter, München

Die Deutsche Bibliothek – CIP-Einheitsaufnahme
Gerl, Wilhelm:
Moderne Hypnose: Hilfe durch das Unbewußte : wie Hypnose wirkt und wann sie sinnvoll ist ; was geschieht mit mir in den Sitzungen? ; so finde ich den richtigen Hypnosetherapeuten / Wilhelm Gerl. - Stuttgart : TRIAS, 1998

Der Verlag dankt Herrn Dipl.-Psych. Wilhelm Gerl und seiner Frau, die sich für die Fotoaufnahmen als Fotomodelle zur Verfügung stellten.

Gedruckt auf chlorfrei gebleichtem Papier

Satz: Fotosatz H. Buck, Kumhausen
Druck: Gutmann, Talheim

ISBN 3-89373-412-0 1 2 3 4 5 6

Zu diesem Buch

Sie wollen sich eingehender über Hypnose informieren. Mit hoher Wahrscheinlichkeit haben Sie bereits mehrere Zeitschriftenartikel oder eines der vielen Hypnosebücher auf dem Markt gelesen. Anscheinend hat Sie das nicht zufriedengestellt, oder einige wichtige Fragen sind offen geblieben.

Unvermindert gibt es ein Bedürfnis nach Information, welche die Hypnose und ihre Möglichkeiten richtig einzuschätzen erlaubt. Sicherlich gilt, daß man vom Lesen alleine nicht klug wird. Daß aber immer noch viele unzutreffende Vorstellungen über Hypnose existieren, hängt mehr damit zusammen, daß Publikationen und Fernsehsendungen über Hypnose meist recht eigenartig informieren. Weil sie mit den Formen und Wirkmechanismen der Suggestion zu wenig vertraut sind, arbeiten viele der Autoren – ohne sich dessen bewußt zu sein – häufig gegen ihre eigentlich gute Absicht. Es ist immer wieder zu beobachten, wie die unerkannten Suggestionen in ihren Worten und Bildern dazu führen, daß letztlich eine bedauerliche Fehlinformation resultiert.

Diesen Zusammenhang sowie Merkmale der Suggestion will ich im ersten Kapitel näher erläutern. Jedes folgende Kapitel baut dann auf dem Vorhergehenden auf; und deshalb habe ich eine herzliche Bitte an Sie: Nehmen Sie sich die Kapitel *der Reihe nach* vor. Dieses Buch vermittelt Ihnen ein fundiertes Wissen und kann Ihnen viele Fragen zur Hypnose beantworten, wenn Sie es so lesen, daß sich seine Inhalte systematisch miteinander verknüpfen können.

Wenn für Personenbezeichnungen die maskuline Form benutzt wird, geschieht das der Einfachheit und besseren Lesbarkeit wegen. Betrachten Sie bitte die Begriffe Therapeut und Patient als geschlechtsneutral. Früher gab es tatsächlich nur männliche Hypnotiseure. Die moderne Hypnose hat diese Einengung und die mit ihr verbundene Vater-Mystifikation abgebaut. Es ist ein Gewinn für die Hypnosetherapie, daß es zunehmend mehr Therapeutinnen gibt. Vielen Frauen erleichtert das den Zugang.

Ihr Wilhelm Gerl

Hypnose: Mythos und Wirklichkeit

Es ist ganz natürlich, daß Sie im voraus wissen möchten, wie es Ihnen in Hypnose gehen wird. Jedoch, wie soll das möglich sein, ohne daß Sie die tatsächliche Erfahrung, die immer ganz individuell ist, selbst machen? Da können Ihnen andere noch so viel über Hypnose erzählen und vorschwärmen: Nur wenn Sie Ihre *eigenen* Schritte kennenlernen, die zum Kontakt mit Ihrem intuitiven Wissen führen, lernen Sie das, was für *Sie* zutrifft.

◄ Vor Beginn einer Therapie werden die Patienten zu Person und Krankheitsgeschehen befragt.

Grundsätzliches zur Hypnose

Hypnose ist verbunden mit Lernen, und zwar Lernen durch persönliche Erfahrung. Die Information durch Worte kann lediglich ein Interesse hervorrufen, sich auf dieses bereichernde Abenteuer der Begegnung mit sich selbst einzulassen. Literatur zum Thema Hypnose mag Ihnen Gründe nennen, warum es interessant ist, dieses Experiment einmal selbst zu wagen, und unangebrachte Bedenken ausräumen. Aber immer gilt: Jeder ist eine einzigartige Persönlichkeit, und dementsprechend entwickelt sich auch die Hypnoseerfahrung in einer jeweils eigenen, für die Person passenden Art.

Hypnose kann also ganz unterschiedlich wirken. Es handelt sich bei ihr also nicht um einen einzigen Zustand; und die Erfahrungen in Trance können von Mal zu Mal variieren. Letztlich ist es nicht möglich, Hypnose und Trance zu vereinheitlichen, auch wenn bei Forschungsstudien oft so getan werden muß. In der Hypnosetherapie beobachten wir bei derselben Person verschiedene Tranceentwicklungen und nutzen sie für unterschiedliche Zwecke.

Die besonderen Möglichkeiten der Hypnose haben damit zu tun, daß sie mit Wissen arbeitet, welches über das bewußte sprachlich-logische Denken hinausgeht. Das unbewußte Wissen ist nicht an die Regeln und Grenzen der Sprache gebunden. Es fußt tiefer und bestand schon vor der Sprache, gleichsam als Wissensgrund des Menschen. Unbewußtes Wissen arbeitet für uns 24 Stunden am Tag, auch wenn wir schlafen. Das Konzept des Unbewußten wird im nächsten Kapitel ausführlich erläutert.

Der Mensch ist keine Maschine; bei einer solchen würde ein mechanistisches Denken und Handeln genügen, um ein bestimmtes Ergebnis zu produzieren. Hypnose arbeitet hingegen mit dem komplexen und einzigartigen Menschen, mit einem lebendigen Organismus, der jeweils eigene Erlebnis- und Verhaltensweisen, seine eigenen Erfahrungen und Ziele hat. Ein großer Teil davon ist unbewußt und benötigt keineswegs den Eingriff durch eine bewußte Lenkung, um zu funktionieren. Direkte Steuerung kann sogar ausgesprochen störend wirken, natürliche Abläufe behindern und zu psychischen Schwierigkeiten (z.B. zu Schlafstörungen, sexuellen Problemen, Beziehungs- und Leistungsstörungen) führen.

Unbewußtes kann *erfahren* werden. Es läßt sich nicht durch das begriffliche Denken begreifen. Das schließt sich gegenseitig aus – genauso wie es unmöglich ist, jemanden zu lieben, solange man das von sich verlangt. Tatsächlich wird die hypnotische Trance nicht »gemacht«. Man kann aber von ihr erzählen, an sie erinnern, zu ihr einladen, Zeit für sie einräumen und etwas dafür tun, daß sie leichter eintritt und sich vertieft. Trance ist etwas ganz Natürliches, aber doch nichts Gewöhnliches; sie ist so etwas wie eine »Begegnung der besonderen Art«.

Die auf dem Markt befindliche Literatur hat am Informationsdefizit zu diesem Thema noch nicht genügend ändern können. In manchen Fällen haben Bücher und Beiträge in Zeitschriften und im Fernsehen sogar noch zur Verwirrung beigetragen, indem sie überholte Konzepte und reduzierte Methoden für moderne Hypnose ausgaben.

Wie will dieses Buch Sie über Hypnose informieren?

In diesem Buch wird Ihnen nichts vorgeschwärmt von den »wunderbaren Möglichkeiten der Hypnose«. Es werden auch keine vollmundigen Versprechungen gemacht, die nur zu Recht auf Ihre gesunde Skepsis stoßen würden. Dieses Buch ist anders. Im Sinne der modernen Hypnose will ich dazu beitragen, daß Sie Ihr eigenes Verständnis entwickeln können. Zu oft schon wurde Ihnen in Ihrem Leben etwas vorgesetzt oder eingeredet, das Sie übernehmen und glauben sollten. Wenn das ausgereicht und zum Beispiel Ihre Fragen zum Thema Hypnose wirklich beantwortet hätte, wären Sie schon weiter.

Natürlich werde ich in dem zur Verfügung stehenden knappen Rahmen einige Dinge einfach hinstellen und nicht ausführlicher erläutern können. Es liegt mir aber sehr daran, daß Ihr möglicher Widerspruch oder Zweifel seinen Platz bekommt. Die Ebene der Diskussion ist dafür generell wenig geeignet; denn hier folgt jedem Ja ein Aber, und jedes Argument fordert ein Gegenargument heraus, das es wiederum aushebeln möchte.

Was ich Ihnen anbiete, ist etwas, das auch mir geholfen hat, ein erweitertes und relativ widerspruchsfreies Verständnis der Hypnose zu gewinnen. Dieser Weg geht über die Entwicklungsgeschichte der Hypnose. Ich würde mich sehr freuen, wenn Sie mit mir im übernächsten Kapitel von der Urzeit und den hypnotischen Ritualen des Naturmenschen über den Tempelschlaf in der Antike bis in die Neuzeit wandern. Bei diesem Streifzug durch Jahrtausende werden wir an manchen Stellen, die für uns besonders interessant sind, kurz verweilen und neugierig sein, wie es weitergeht. Wesentliche Punkte und Zusammenhänge werden Ihnen manchmal plötzlich, manchmal nach und nach deutlich werden. Vor dem Hintergrund der historischen Tatsachen und Entwicklungslinien wird klar, wie sich bestimmte Vorstellungen von Hypnose gebildet haben. Sie können dann unterscheiden, welche Auffassungen und Methoden sich bewährt haben, und welche eher Relikte einer vergangenen Zeit sind.

Die unterschätzte Rolle der Suggestion in den Medien

In den letzten Jahren sind viele Artikel und Bücher zum Thema Hypnose erschienen. Kaum eine Zeitschrift und kaum ein Fernsehsender hat darauf verzichtet, über dieses wieder populär gewordene Thema mehrfach zu informieren. Hypnose ist sozusagen zu einem Dauerrenner für die Medien geworden. Sie wird seit ca. 1980 wieder zunehmend in Anspruch genommen, und die moderne Hypnosetherapie hat in Fachkreisen an Anerkennung rapide hinzugewonnen. Bei dieser Medienpräsenz müßte jetzt eigentlich fast jeder Bescheid wissen, was es mit der Hypnose auf sich hat und was mit ihr erreicht werden kann. Die Realität sieht leider anders aus.

Man könnte nun fragen: Liegt das vielleicht auch an der Art der Berichterstattung? Ist sie einfach nicht dem Gegenstand angemessen und verhindert die Bildung einer qualifizierten Meinung? Meine Ansicht dazu: In vielen Fällen sind die Artikel und die Sendungen schludrig recherchiert, und auch die Art, wie sie das Thema behandeln, wird dem journalistischen Auftrag kaum gerecht. Wirklich gut vorbereitete Beiträge sind die Ausnahme. Bedrückend ist das vor allem, wenn wir bedenken, daß das Thema Hypnose ein sehr sensibles ist. Schließlich ist es verbunden mit dem Wunsch nach Heilung von Krankheiten.

Hypnose ist eine wertvolle und ökonomische Möglichkeit für die Aufrechterhaltung und Sicherung der leib-seelischen Gesundheit. Für den einzelnen und für die Solidargemeinschaft der Krankenversicherten ist es deshalb keineswegs unerheblich, wie die Meinungsbildung zur Hypnose erfolgt. Es liegt im Interesse aller Bürger, daß im Gesundheitsbereich seriös informiert wird und nicht die erwartete Auflagenhöhe oder Einschaltquote bestimmt, ob und wie über ein wichtiges Thema berichtet wird.

Das Problem der anhaltenden Mißverständnisse über Hypnose hängt nur zum Teil damit zusammen, daß die Medien häufig nicht mit der gebotenen Sorgfalt informieren. Über Hypnose zu reden und zu schreiben, bereitet tatsächlich Schwierigkeiten, die leicht unterschätzt werden. Aspekte der suggestiven Beeinflussung spielen nämlich nicht nur bei der Hypnose, sondern auch in der Alltagskommunikation und in den Medien eine Rolle. Oft entscheiden sie, ob und wie etwas ankommt.

Ich will das anhand eines Beispiels erläutern. Auch Artikel, die für den Leser und sein Verständnis der modernen Hypnose etwas Gutes tun wollen, werden häufig so aufgebaut: Um die Aufmerksamkeit zu gewinnen, wird (a) eine dramatisch klingende, oft auch reißerische Überschrift gefunden, die (b) durch ein Bild (einer für hypnose-typisch gehaltenen mystisch anmutenden Szene oder Symbolik) plakativ verstärkt wird. Erinnern Sie sich, wie oft Sie in diesem Zusammenhang schon das Wort »Wundermittel«, Formulierungen wie »Zaubermittel Hypnose?« und Überschriften wie »Hypnose ist kein Allheilmittel« oder gar »Hypnose: Hokuspokus mit Showeffekt?« gelesen haben.

Ihre Neugierde wird geweckt, indem die Journalisten auf bestimmte, bereits existierende Vorstellungen und Vorurteile über Hypnose zurückgreifen. So werden innere Bilder aktiviert, von denen die eine Hälfte überholt, die andere schlicht falsch ist. Viele der aufmerksamkeitsheischenden Überschriften und Bild-Collagen rufen unweigerlich diese unbrauchbaren Vorstellungen von Hypnose hervor. Welche Chance hat dann noch die Information, die eigentlich vermittelt werden sollte?

Was setzt sich durch: das Wort oder das Bild?

Jeder von uns weiß: »Ein Bild sagt mehr als tausend Worte.« Es haftet viel besser im Gedächtnis, insbesondere wenn es mit Gefühlen verbunden ist. Eine bildhafte Sprache mit anschaulichen Beispielen, die beim Hörer innere Erlebnisbilder aktiviert, ist eines der Grundmerkmale der hypnotischen Suggestion. Das in der Fachsprache als »Gesetz des dominanten Effektes« bezeichnete Prinzip besagt, daß diejenige Suggestion sich durchsetzt und am nachhaltigsten wirkt, die einen *sinnlich* am meisten anspricht und mit der die intensiveren Gefühle verbunden werden. Das macht die hypnotische Suggestion überlegen gegenüber abstrakten Anweisungen, noch so gut gemeintem Zureden und Befehlen. Logisch völlig einwandfreie Sätze und Argumentationen haben wenig Chance, wenn ein Bild lebendig wird. Gesagt wird einem viel, aber »was ich sehe, das glaube ich«, noch dazu, wenn ich dabei etwas empfinde.

Die Überschrift und das verwendete Bild erzeugen also beim Leser innere Bilder und Gefühle, die überkommene Ideen und Vorurteile nochmals aktivieren. Meist entscheidet und überdauert der erste Eindruck. Im Text werden dann zuerst die Vorbehalte und typischen Argumente gegen Hypnose erwähnt, die der Autor beim Leser vermutet. Weil der Autor ihn faszinieren möchte, kommt er schnell zu den angeblich interessanten und doch längst schon erledigten Fragen, wie »Ist es möglich, daß eine Person in Hypnose gegen ihren Willen ein Verbrechen begeht?« oder »Hat man in Hypnose genügend Kontrolle, um sich auch gegen einen Übergriff wehren zu können?«.

Allein durch das Formulieren dieser Fragen werden entsprechende Phantasien erzeugt. Diese entfalten eine eigene Wirkung – unabhängig von den angesprochenen Sachverhalten. Mittels dieser »geführten Phantasie« landet der Leser zwangsläufig in der Abteilung »Psychothriller, Sex & Crime«. Während Sie die letzten Zeilen gelesen haben, konnten Sie es gerade selbst erleben, wie prompt und vorhersagbar das funktioniert. Kein Wunder: Auch in der offiziellen Hypnose gehören geführte Phantasien und aufmerksamkeitslenkende Fragen zum Repertoire. Ein Hypnosetherapeut benutzt sie allerdings, entsprechend seiner Berufsethik, ausschließlich zum Wohle des Patienten und nur mit dessen Einverständnis.

Zurück zu unserem Hypnoseartikel: Die Strategie des Autors ist es, dem Leser zu vermitteln, daß seine Ideen und Gefühle verstanden werden. Der Leser soll sich beim Autor, der so gut weiß, was ihn beim Thema Hypnose beschäftigt, gut aufgehoben fühlen. Im Hypnosekontext sprechen wir im gleichen Zusammenhang davon, daß der »Rapport« entwickelt wird (siehe die Begriffsklärungen im nächsten Kapitel). Um diesen angenehmen Kontakt aufrechtzuerhalten, wird der Leser natürlich weiterlesen und sich auch die nachfolgenden Informationen anschauen. Diese Geneigtheit für neue Informationen wird auch in der Hypnose gefördert. Was aber nun in jenen Artikeln folgt, ist oft nicht geeignet, das erwünschte Ergebnis – eine realistische, gelassen-kritische Haltung der Hypnose gegenüber – zu erzielen. Denn nun wird dem Leser, nachdem viele der alten und unzutreffenden Vorstellungen von Hypnose zu neuem Leben erweckt wurden, gesagt: »Bei der neuen Hypnose ist das glücklicherweise anders. Jetzt brauchen Sie keine Angst mehr zu haben, daß dieses oder jenes passieren könnte.« Mit dieser Art Argumentation wird unbemerkt ein zweiter Übermittlungsfehler begangen und durch die Mißachtung eines weiteren Suggestionsprinzips der gegenteilige Effekt erzeugt.

Wenn Sätze ihr Gegenteil bewirken

Ich verdeutliche das gerne dadurch, daß ich jemanden auffordere: »Denken Sie jetzt bitte nicht an einen Fotoapparat!« Was tut die Person? Natürlich denkt sie an einen, und wir können sogar feststellen, ob es eine Spiegelreflex- oder Kleinbildkamera war oder welche andere Kamera in welcher Größe und Farbe da unweigerlich auftauchte und für kurze Zeit die Wahrnehmung bestimmte. Von hier läßt sich der Bogen spannen zu Situationen, in denen in wenig effektiver Weise auf Menschen eingeredet wird (»Mach dir bloß um mich keine Gedanken!«, »Jetzt hab doch keine Angst!« oder »Kinder, geht nicht auf dem Bahndamm spielen!«) bis hin zu moralischen Geboten (»Du sollst nichts Unkeusches denken!«).

Formulierungen dieser Art können nicht verhindern, daß man genau das denkt, was man nicht denken sollte. »Nicht«-Formulierungen *erfordern* es sogar, das zu denken – und dabei innerlich lebendig werden zu lassen – was eigentlich verboten wurde. Sie behindern gleichzeitig, daß andere, bessere Ideen gedacht werden. Um etwas Gutes zu bewirken, reicht es eben nicht aus, eine gutgemeinte Ermahnung oder Suggestion zu geben. Das Gute resultiert daraus, daß das Richtige *getan* wird. In diesem Fall heißt das, richtig – also positiv zielend – zu formulieren.

Um den Sinn eines Satzes zu verstehen, muß ich zuallererst erkennen, worauf dessen Inhalt hinweist. Um den Inhalt zu erkennen, schaffe ich spontan eine innere Vorstellung von dem, was der Satz mir sagt. Durch inneres Sehen, Hören und Fühlen entwickelt sich das inhaltliche Bild. Als ein Erlebnisbild wirkt dies ungleich tiefer als ein abstraktes Wort wie »nein« oder »nicht«. Über das mit ihm verbundene Gefühl beeinflußt es auch Körperprozesse, die willentlich nicht zu steuern sind. Wenn Sie also das Befürchtete an die Wand malen und es mit einem noch so kräftigen »Nicht!« oder »Auf keinen Fall!« durchstreichen, behält es trotzdem seine Wirkung.

Sie kennen vielleicht den Spruch: »Um den Teufel auszutreiben, wird er zuerst an die Wand gemalt – um daraufhin vor ihm davonzulaufen.« Wenn Sie das Unerwünschte zuerst ansprechen und gleichzeitig durch ein Nein (oder kein, un-, nicht, etc.) bannen wollen, führt das eher zum »unerklärlichen« Eintreffen genau dessen, was Sie sich oder anderen auszureden versucht haben. Der Hauptgrund dafür ist, daß das Unbewußte die sprachliche Negation nicht erkennt. Das Wort »nicht« existiert in seiner Sprache nicht; es gehört zur Logik des intellektuellen Denkens. Dasselbe gilt auch für die Satzzeichen. Wer z.B. einen Artikel mit »Hypnose – ein Zaubermittel?« überschreibt, der fördert den Glauben, daß Hypnose ein Zaubermittel sein könnte.

Das Fragezeichen verhindert keineswegs, daß die Idee von Zauberei auftaucht, verbunden mit all den einprägsamen Bildern und den Erwartungen, die damit verknüpft werden. Diese inneren Bilder bestimmen die Phantasien. Sie bestimmen die emotionale Einstellung dem Thema gegenüber – kräftiger und nachhaltiger als die dürren Worte, mit denen versucht wird, das Zerrbild zu korrigieren, das doch gerade wieder erzeugt wurde. Das Fragezeichen entläßt den Autor nicht aus der Verantwortung für eine Manipulation, die nicht im Sinne seiner Leser und ohne ihre Zustimmung erfolgte.

Wie das Unbewußte die Sätze liest

Für das Unbewußte ist es so, als wären Satzzeichen und Negativ-Wörter einfach nicht vorhanden. Für unser Erleben ist nur das entscheidend, was positiv, das heißt sinnlich verknüpft und erfahrbar, angesprochen wird. Sie können das gleich selbst überprüfen. Schauen Sie sich dazu einige der oben aufgeführten Beispielsätze an – diesmal durch die »Brille des Unbewußten«. Um auf die tatsächlich wirksamen Suggestionen, zu kommen, blenden wir einfach die Worte »nicht«, »nichts« und »kein« aus und lesen: »Mach dir bloß um mich Gedanken!«, »Jetzt hab doch Angst!«, »Kinder, geht auf dem Bahndamm spielen!«, »Du sollst Unkeusches denken!«. Hier dämmert uns, daß möglicherweise vieles von dem, was Menschen befürchten, systematisch von ihnen aufrechterhalten oder gar erzeugt wird durch ungünstige Sätze, die ihnen irgendwann eingegeben wurden. Suggestion kommt vom lateinischen *suggerere* = eingeben.

Ideen werden auf die verschiedenste Art an uns herangetragen. Ob wir sie annehmen und wie wir sie umsetzen, bestimmt letztlich jeder für sich selbst; nur geschieht das teilweise unbewußt. Schon deshalb ist es gut, mit dem Unbewußten als dem Verwalter dieser Ideen auf gutem Fuß zu stehen und ausreichend Kontakt zu pflegen. Vieles von der Informationspost, die tagtäglich ausgeliefert wird, kommt beim einzelnen überhaupt nicht an oder wird nach kurzer Sichtung verworfen, also vergessen oder gelöscht. Andere Ideen werden in einem Speicher, dem Unbewußten, gelagert, zu dem man des Nachts in den Träumen Zugang hat – oder in Hypnose.

Die meisten Suggestionen geben wir uns selbst

Ideen, die ursprünglich von außen kamen, werden zu Ihren eigenen Eingaben in den inneren Informationskreislauf, indem Sie sie in Gedanken wiederholen. Auf diese Weise können solche Sätze überdauern und im unterbewußt ablaufenden »inneren Dialog« eine große Rolle spielen. »Iß doch nicht so viel!«, »Reg dich nicht immer so auf!« sind dann wirkungsvolle Selbstsuggestionen, die das Bewußtsein und das Verhalten prägen und einengen können. Ein problematisch eingeengtes Erleben, Denken und Handeln kann als eine »Problemtrance« gesehen werden: Wie unter einem Zwang stehend tut man dann Dinge, von denen man weiß daß sie nicht gut tun. Der Mensch bemerkt dabei nicht, daß er eigenen Suggestionen folgt. Und er erkennt nicht, daß die Macht, die er dem Krankheitssymptom, der schlechten Gewohnheit oder der Sucht zuschreibt, von der eigenen Beeinflussung herrührt und damit seine eigene Kraft ist.

Eine alte »Weisheitsregel« lautet: »Achte auf deine Gedanken, denn aus Gedanken werden Worte; achte auf deine Worte, denn aus Worten werden Handlungen; achte auf deine Handlungen, denn aus Handlungen werden Gewohnheiten; achte auf deine Gewohnheiten, denn aus deinen Gewohnheiten wird dein Schicksal.« Das Konzept der Suggestion beleuchtet also Zusammenhänge, die auch in anderen Bereichen als nur der Hypnose eine Rolle spielen.

Die Erforschung der Hypnose hat den Therapeuten wichtige Hilfen an die Hand gegeben, um zu erkennen, wie Fremd- und Selbstsuggestionen im Alltag zur Wirkung kommen. Mit diesem Wissen konnte in der modernen Hypnosetherapie eine Methode entwickelt werden, die letztlich immer auch zur Dehypnotisierung des Patienten aus seiner problematischen, einengenden »Eigentrance« dient. Er geht dabei in die therapeutische Trance. Dieser Zustand erweitert die persönlichen Möglichkeiten; zusätzlich ist er ein guter Rahmen für hilfreich formulierte Suggestionen.

Hypnose, Trance, Suggestion, Unbewußtes, Hypnotherapie – welcher Begriff bedeutet was?

Diese Fachbegriffe lösen sehr unterschiedliche Vorstellungen aus. Ihre Erwähnung hinterläßt oft mehr Fragezeichen als Verständnis.

Im folgenden Kapitel möchte ich die wichtigsten Grundlagen der Hypnosetherapie näher erläutern. Für ein weitergehendes Verständnis empfehle ich Ihnen, dann das anschließende Kapitel zu lesen. Es liefert den Rahmen, aus dem diese Begriffe stammen.

◀ Im Erstgespräch mit dem Therapeuten erfolgt die diagnostische Abklärung sowie die Aufklärung über Möglichkeiten und Grenzen der Hypnosetherapie im gegebenen Fall.

Hypnose

Hypnose ist der Oberbegriff für die Methode, den Zustand und den Prozeß, der zum hypnotischen Zustand führt und diesen nutzt. Da man nicht immer erkennen kann, was gerade gemeint ist, wenn das Wort Hypnose verwendet wird, empfiehlt sich die folgende Unterscheidung.

Hypnose als Methode und Situation

Das Wort Hypnose sollte man für die Methode und die Situation ihrer Anwendung reservieren. So beschreiben Wissenschaftler zum Beispiel verschiedene geschichtliche Entwicklungsphasen dieser Methode:

Die Entwicklung der Hypnose in Stichworten

- *Autoritäre Hypnose* (bis ca. 1900) – in ihr wurde einseitig die Rolle des Hypnotiseurs bzw. eines »Magnetiseurs« als entscheidend betrachtet.
- *Standardisierte Hypnose* (bis ca. 1950) – angenommen wurde, daß eine Eigenschaft im Patienten, als »Hypnotisierbarkeit« oder »Suggestibilität« bezeichnet, ausschlaggebend für den Erfolg sei (weshalb vorwiegend mit Standardsuggestionen gearbeitet wurde).
- *Kooperative Hypnose* (ab ca. 1950) – sie betont die Besonderheit eines jeden Menschen und ermöglicht durch ihr vielfältiges und flexibles Repertoire an Konzepten und Techniken eine präzise aufeinander abgestimmte, individuelle Trancearbeit.

Der Begriff Hypnose wird auch benutzt, um Situationen als hypnotisch zu kennzeichnen. Hier denken wir in erster Linie an Hypnosesitzungen bei einer therapeutischen Hypnose oder bei einem Experiment in der Hypnoseforschung. Bühnensituationen, in denen keine echte Hypnose erzeugt wird, sondern lediglich mit psychologischen Tricks oder mit »Mentalmagie« gearbeitet wird, werden vom Veranstalter oft als Hypnose bezeichnet. Das funktioniert, weil die entsprechenden Erwartungen der Beteiligten und der Zuschauer bedient werden. Wenn ein aufgeklärter Teilnehmer aber nicht mitspielt, kann von Hypnose nicht mehr die Rede sein und die »Magie« funktioniert nicht.

Einige Leute und Institutionen gehen mit dem Wort Hypnose insofern raffiniert um, als sie in der Eigenwerbung für ihr angeblich umwerfend effektives Verfahren ausdrücklich verlauten lassen: »Diese Methode ist *keine* Hypnose!« Natürlich werden dadurch sofort Erfolgserwartungen geweckt, die mit Hypnose verknüpft sind. Gleichzeitig wird mittels der Implikation, daß die angepriesene Methode dann noch »mächtiger« als die Hypnose sei, der mögliche Kunde in die gewünschte Richtung manipuliert. Sie erinnern sich an den vorigen Abschnitt: Nicht etwa die Verneinung, nur die Kernaussage wird im Gedächtnis gespeichert, also: »Diese Methode ist Hypnose«. In den meisten Verfahren, die sich solchermaßen ausdrücklich von der Hypnose abgrenzen, werden nachweisbar hypnotische Prinzipien und Techniken angewandt.

Das ist mit »Hypnose« gemeint

Wenn wir von Hypnose sprechen, meinen wir also, neben der Methode, eine qualifiziert therapeutische oder experimentelle Situation, die von den Beteiligten als Hypnose definiert wird. Eine Tranceinduktion, also die gezielte Auslösung einer Trance ist nicht immer erforderlich, weil Trance spontan auftreten und auch indirekt gefördert werden kann. Es müssen aber gültige Tranceprozesse und -phänomene zu beobachten sein.

Zur »Macht« der Hypnose

Ich setze Worte wie »mächtig« oder »Macht« bewußt in Anführungszeichen, um daran zu erinnern, was mit dem Begriff Macht tatsächlich verbunden wird. Denn die sogenannte Macht einer Methode ist kein Wesenszug von ihr. Sie liegt nicht in ihr als eine Art Eigenschaft begründet. Die Macht existiert im Denken jener, die an sie glauben. Menschen verleihen einer Methode und ihren Vertretern Macht in dem Maß, wie sie sie für mächtig halten. Sie schreiben denen also Macht zu und mobilisieren, im Zusammenspiel mit ihnen, ihre eigenen Kräfte.

- Dies ist auch dann der Fall, wenn jemand ausdrücklich Widerstand gegen die Hypnose oder die angebliche Macht des Hypnotiseurs leistet. Wenn jemand gegen etwas kämpft, glaubt er automatisch, daß das zu Bekämpfende Macht hat – sonst hätte die Mobilisierung seiner Widerstandskraft ja keinen Sinn. Nicht nur Don Quichotte weigerte sich zu erkennen, daß er etwas völlig Unsinniges tat, als er gegen Windmühlen ritt, um sie im Kampf zu besiegen. Wir können psychologische Macht gleichsam als Kredit betrachten, den eine Person einer andern (oder einer Methode) gibt und bei Enttäuschung ihrer Erwartungen wieder zurückzieht. Tatsächlich wurde nachgewiesen, daß fast jeder Mensch den hypnotischen Zustand sofort beenden kann, wenn die Situation nicht seinen Bedürfnissen entspricht. Er beendet damit den intensiven Kontakt mit seinem Hypnotiseur, den sogenannten hypnotischen Rapport, und steigt damit aus.

- Wenn gedanklich etwas anderes als das Tranceerleben vorrangig wird, unterbricht dieser Gedanke die Trance. Der Patient kommt dann ganz oder auch nur teilweise (Augen geöffnet, sprechbereit, aber in derselben Körperhaltung verweilend) zurück, und kann nach Klärung der betreffenden Sache gleich wieder in Trance gehen. Der Rapport, eine besondere Beziehung des Dialogs zwischen dem Hypnotisierten, seinem unbewußten Wissen und dem Therapeuten, bleibt dabei erhalten.

Trance

Hypnotische Trance als Zustand und Prozeß

Den mit der Hypnosemethode erzeugten Zustand nennen wir »hypnotische Trance«. In älteren Büchern begegnet Ihnen vielleicht der gleichbedeutende Begriff des »Hypnoid«. Die hypnotische Trance ist *kein* einzigartiger Zustand. Es handelt sich nicht um einen bestimmten, sondern um eine Vielzahl möglicher Zustände des Organismus. Lediglich der Einfachheit halber sprechen wir von *der* Trance, als handele es sich um einen einzigen Zustand.

Ein lebendiger Prozeß Die hypnotische Trance ist ein lebendiger, natürlicher Prozeß, der im Patienten phasenartig und mit gewissen Regelhaftigkeiten abläuft. Dabei ist weniger das, was der Hypnotiseur tut und sagt, als vielmehr das, was im Klienten abläuft, von Bedeutung. Die eigentliche Arbeit leistet der Klient; ihm muß nur geholfen werden, wieder Zugang zu sich selbst und zu seinen unbewußten Erfahrungen zu finden.

Ein Zustand des Gewahrseins Der Trance-Zustand ist kein Schlaf. Weil aber die übliche, bei Tag dominierende Bewußtseinslage als »Wachzustand« bezeichnet wird, könnte man denken, die Trance sei im Kontrast dazu eine Art Schlaf. Doch das ist sachlich irreführend. Trance ist ein Zustand der Bewußtheit und des Gewahrseins – nicht des Unbewußten oder des Schlafes. Er ist am ehesten dem Zustand der Meditation vergleichbar. Im hypnotischen Trancezustand besteht eine verbesserte Empfänglichkeit für Ideen und Bedeutungen, sowie eine erhöhte Bereitschaft, auf diese zu reagieren.

Konzentration Zudem gilt die hypnotische Trance als ein Zustand »spezifisch fokussierter Aufmerksamkeit« (Erickson), d.h., die Aufmerksamkeit ist erhöht und ausschließlich auf das gerichtet, was sich in ihrem »Brennpunkt« befindet. Diese verstärkte Konzentration auf das, was im Moment zentral ist, läßt anderes in den Hintergrund treten und gleichgültig werden. Die damit verbundene seelische Beruhigung wird bei einer Therapie meist schon durch das Einnehmen einer entspannungsförderlichen Haltung begünstigt; sie kann aber auch durch eine gleichmäßig rhythmische Aktivität (Radfahren, Tanzen, Musikhören, Trommeln) erzeugt werden. Es kommt dabei zu einer meßbaren Veränderung in der Aktivität verschiedener Hirnbereiche und des vegetativen Nervensystems, was ganz natürlich auf die Physiologie des Körpers wirkt. Eine Art »vegetativer Umschaltung« führt zu erholsamen, gesundheitsförderlichen Prozessen.

Achtsame Gelöstheit Es entwickelt sich so ein Zustand der körperlichen und geistigen Gelöstheit, in dem übliche Denkmuster und streßorientierte Körperzyklen in den Hintergrund treten zugunsten des reinen, sinnlich orientierten Da-Seins. In diesem für viele Menschen bereits neuen oder alternativen Zustand einer achtsamen Gelöstheit öffnet sich die Wahrnehmung. Sie werden zum Beispiel offen für ein Gefühl, das begonnen hat, sich im Trancezustand zu entwickeln und das nun angenehm fließen kann, mit Ihrer Aufmerksamkeit, hinein in alle Bereiche. Sie können darauf achten, was alles dazugehört, vielleicht mitschwingt und anklingt, sich meldet mit einer feinen Stimme, die Sie sonst überhört hätten.

Fühl- und Klangbilder Oder Sie spüren ein Gefühl, in dem eine Kraft sich meldet, die Sie schon lange nicht mehr gespürt haben. Sie achten einfach auf diese Fühlbilder, Klangbilder – und die Stimme des Therapeuten begleitet Sie dabei im rechten Abstand, so daß Sie sich weiter frei Ihrem Erleben widmen können. Sie vertiefen sich in dieses Erleben und vertiefen dabei diesen Zustand, in dem Ihr intuitives Wissen sich leichter tut, etwas auszuwählen und Ihnen etwas zu zeigen, was mit dem Grund Ihres Kommens zu tun hat. Man verweilt eine gewisse Zeit auf so einer Ebene; manchmal geht es noch weiter in diese Richtung in einen benachbarten Raum oder auf eine weitere Ebene des Erlebens. Dabei führt das unbewußte Wissen, das sozusagen den Überblick über das Ganze hat, auf seine Weise Regie. Wenn etwas auftaucht, das Sie dem Therapeuten gleich sagen möchten, ist Ihnen das möglich. Man lernt auch, allem, was gekommen ist, einen guten Platz einzuräumen, um dann »mit leichtem Gepäck« in den Alltagszustand zurückzukehren, sobald es an der Zeit ist. Den rechten Moment hierfür werden Sie spüren. Sie hören dann die Stimme Ihres Begleiters und auch die Geräusche von draußen wieder bewußter. Sie bemerken deutlicher, wie Ihr Körper sich anfühlt, und nehmen sich noch eine Minute Zeit, um endlich ganz zurückzukehren – in diesen Raum, in diese Zeit.

Direkter Zugang zu Bildern und Gefühlen Albert Einstein sagte einmal: »Phantasie ist wichtiger als Wissen; Wissen ist begrenzt«. Im Trancezustand haben Sie, wie in der Phantasie, einen direkteren und erweiterten Zugang zu Bildern und Gefühlen. Sie können dann mit erinnerten und mit neu hinzukommenden Erfahrungen leichter umgehen und kreativer arbeiten. Diese sind dann für Sie freier verfügbar und lassen sich besser umgestalten. So können Sie mit Ihren eigenen natürlichen Kräften arbeiten, und indem diese Hilfsquellen zusammenwirken, entstehen zusätzliche positive Effekte, sogenannte Synergien. Die Ergebnisse dieser Erfahrungen führen dann zu einer Neueinschätzung von Erlebnis- und Verhaltensweisen, zu stimmigeren Beziehungen und zu gezielterem Handeln in der Alltagssituation.

Trancezustände und Trancephänomene im Alltag

Auch im Alltag begegnen Sie Trancezuständen, in denen Sie gleichsam weniger der Schwerkraft unterliegen und Zugang zu interessanten Möglichkeiten haben. Tagtäglich erleben Sie Phänomene, die sich mit gutem Recht durch Begriffe der Trance beschreiben lassen, z.B. wenn Sie auf einer eintönigen Strecke fahren und dabei in Gedanken ganz anderswo sind. Im Amerikanischen gibt es dafür sogar die Bezeichnung *highway hypnosis* (Autobahn-Hypnose).

Autobahn-Trance In einem solchen Zustand registrieren und tun Sie alles, was die Situation erfordert. Gleichzeitig aber sind Sie frei, mit Ihren Gedanken und Vorstellungen bereits an dem Ort zu sein, zu dem Sie gerade fahren. Sie erleben sogar, hier im Auto sitzend, einige der Gefühle, die Sie eigentlich erst dort haben könnten. Oder Sie lassen sich von der Musik oder der Stimme aus dem Autoradio irgendwohin entführen – an einen anderen Ort, in eine andere Zeit. Sie behalten dabei ausreichend die Kontrolle über die fahrerische Situation und bemerken rechtzeitig, wenn Ihre Ausfahrt kommt.

Veränderung der Zeitwahrnehmung Wenn Sie selbstvergessen ganz in eine Betrachtung versunken oder von einer Tätigkeit völlig in Anspruch genommen sind, treten Phänomene auf, die Sie auch in einer hypnotischen Trance erleben können. So vergessen Sie manchmal die Zeit, oder sie vergeht wie im Fluge, und obwohl eine ganze Stunde vergangen ist, kommt es Ihnen viel kürzer vor. Eine solche Veränderung der Zeitwahrnehmung haben Sie sicher schon erlebt, wenn ein Gespräch besonders interessant oder ein Film so richtig spannend war. Wenn die zweite Halbzeit eines Weltmeisterschafts-Endspiels im Fernsehen extrem packend ist, vergißt der gefesselte Zuschauer alles um sich herum. Manch einer nimmt dann nicht mehr wahr, wie er ganz automatisch die Bierflaschen öffnet und sich eine Zigarette nach der anderen ansteckt. Er wundert sich nur im Anschluß darüber, daß kein Bier und keine Zigaretten mehr da sind.

Lückenhafte Erinnerung In einem von meinem Kollegen Walter Bongartz berichteten Fall fragte eine Frau ihren Ehemann, wie ihm denn das Schnitzel geschmeckt habe, das sie ihm zwischendurch, während er mit seinen Augen am Fernseher hing, serviert hatte. Er schaute sie nur entgeistert an und fragte: »Von welchem Schnitzel redest du denn?« Hier spielt das Trance-Phänomen der *Amnesie*, also das Nichterinnern an Erlebnisse im Trancezustand, ebenso eine Rolle wie die hypnose-typische *Dissoziation*: Der Betroffene weilt geistig »anderswo« und hat mitunter das Gefühl, körperlos oder auf Distanz zu seinem Körper zu sein. Zur gleichen Zeit können dann verschiedene Tätigkeiten parallel und unabhängig voneinander ausgeführt werden, und die eine Seite weiß nur wenig oder nichts von der anderen.

Trance verbindet wie ein Scharnier

- Körper und Geist
- die Funktionen der linken und der rechten Hirnhälfte
- das bewußte Denken und das unbewußte Wissen der Intuition
- das Ich und das umfassendere Selbst
- die individuelle Entwicklung und die Evolution

Hypnotische Trance

Sobald Sie in einem mehr oder weniger veränderten Bewußtseinszustand sind, zeigen sich Phänomene der obigen Art. Diese sind also nicht an Hypnose gebunden. Wir sollten sie erst dann als *hypnotische* Phänomene bezeichnen, wenn sie in einem hypnotischen Tranceprozeß entwickelt werden. Diese Unterscheidung ist deshalb wichtig, weil solche Phänomene auch Ausdruck einer problematischen körperlichen und seelischen Verfassung sein können.

Von ihrem Erscheinungsbild her lassen sie sich die hypnotischen Phänomene von entsprechenden psychotischen Äußerungsformen, also von krankhaften Veränderungen der Wahrnehmung und des Verhaltens, nicht unterscheiden! Dies ist ein wesentlicher Grund dafür, daß Hypnosetherapie nur von entsprechend qualifiziertem Personal, also von klinisch ausgebildeten und in der Lehre von den seelischen Störungen erfahrenen Psychologen und Ärzten ausgeübt werden sollte.

Eine hypnotische Trance entwickelt sich entweder spontan oder sie wird hervorgerufen. Spontan erscheint sie, wenn keine direkte Suggestion, in Trance zu gehen, gegeben wurde. Es genügt für manche Personen, daß sie eine Situation für sich als »Hypnose« definieren, also glauben, hier sei hypnotisches Reagieren angebracht und möglich, damit sie in eine entsprechende Trance gehen. So kann schon das Gespräch mit einem Therapeuten, den sie als Hypnosefachmann aufgesucht haben, genügen, um spontan den Bewußtseinszustand zu verändern und eine Trance zu entwickeln. Für andere Menschen ist es erforderlich, daß sie, nachdem alles Nötige abgeklärt wurde, ausdrücklich eingeladen werden, eine geeignete Haltung einzunehmen und in Trance zu gehen.

Schon mit relativ einfachen Anleitungen können acht von zehn Personen ihren Weg in eine für sie geeignete Trance finden. Zirka zehn Prozent benötigen dazu eine speziellere, genau auf sie zugeschnittene Technik oder ein Hypnosetraining. Und für die restlichen zehn Prozent, die sich derzeit in keinem stabilen oder in einem problematisch veränderten Bewußtseinszustand befinden, ist Hypnose nicht angezeigt. Diese Menschen befinden sich womöglich in einer pathologischen, also krankhaften »Problemtrance«, in der sie sich von der Umwelt abkoppeln. Sie benötigen dann erst einmal die Rückorientierung in den Alltag und eine Wahrnehmung, die sich an sinnlich auffindbaren und überprüfbaren Fakten orientiert.

Einleitung und Nutzung der Trance

Das Hineingehen in die hypnotische Trance bzw. ihre Einleitung wird als *Induktion* bezeichnet. Sie erfolgt meistens durch eine Konzentration der Wahrnehmung und ihre Verlagerung auf inneres Erleben. Dies geht einher mit einer Lösung von muskulärer Spannung und seelischer Beruhigung. Das Versenken in dieses innere Geschehen führt zu einer Vertiefung des Zustandes und zu einer Ausdehnung des ihn begleitenden Gefühls auf weite Bereiche des Körpers (Trance-Vertiefung). Das Maß, in dem die Aufmerksamkeit einer Person von dem absorbiert, gleichsam aufgesaugt wird, worauf sie sich konzentriert, bestimmt umgekehrt, wieviel die Person von der übrigen Realität ausblendet.

Die so entstehende Dissoziation ist dann ein Gradmesser für die Tiefe der Trance. Je mehr Sie sich also auf die innere Wahrnehmung konzentrieren und dabei die äußere Wirklichkeit ausblenden, um so tiefer bzw. weiter gehen Sie in Trance. Für Erlebnisinhalte, die therapeutisch bearbeitet werden sollen, eignen sich in der Regel eher geringere Trancetiefen. Eine zu starke Dissoziation kann sich als hinderlich erweisen für die Verbindung der Geschehnisse in Trance mit dem konkreten Leben »draußen«.

Bei Menschen, die mit dem Wort »Tiefe« eine unangenehme Erinnerung verbinden, kann seine Verwendung für die Hypnose hinderlich sein. Es ist dann zu klären, ob der Begriff der *Weite* (»*Weitergehen* auf diesem Weg in Ihre ganz eigene Trance«) oder die Idee der *Höhe* (»diese *erhebende* Empfindung, wenn Sie sich von diesem Wissen und diesem Gefühl tragen lassen – mit jedem Atemzug noch etwas weiter«) sich nicht besser eignen. Letzteres wäre wiederum bei Menschen mit Höhenangst ungünstig.

Natürlich induzieren und vertiefen Hypnosetherapeuten keine Trance, ohne daran zu denken, wie man sie nutzen könnte. Die Nutzbarmachung des Prozesses und des Zustandes wie auch der Phänomene der Trance wird wissenschaftlich als ihre Utilisation (von lat. *usus*: Nutzung, Gebrauch) bezeichnet. Sie erfolgt in Richtung der Therapieziele, die mit dem Patienten herausgearbeitet und vereinbart wurden. In der Trance können diese Ziele noch weiter präzisiert und mit dem unbewußten Wissen abgestimmt werden. Wenn man all die verschiedenen Beschwerden und Probleme der Patienten nach Gemeinsamkeiten ordnet, ergeben sich drei große Bereiche, für die eine Hypnosetherapie zum Einsatz kommen kann:

- Probleme, bei denen Angst und Vermeidung vorherrschen
- Schmerzzustände, Spannungssyndrome, psychosomatische Körperreaktionen
- Belastende Verhaltensmuster und suchtartige Gewohnheiten

Entsprechend kann der geschützte Raum der Hypnose genutzt werden, zum Beispiel zum Abbau von Ängsten und Vermeidungstendenzen: Ein früheres, überforderndes Erlebnis läßt sich nachträglich bewältigen, oder eine bevorstehende Prüfung wird bald mit mehr Gelassenheit betrachtet. Wenn sie in der Imagination durchgespielt wird, bisher übersehene Aspekte und Hilfsquellen dabei Beachtung finden und die Person schließlich in der Phantasie erlebt, wie ihr zur bestandenen Prüfung gratuliert wird, gewinnt sie eine andere Sicht und gefühlsmäßige Einstellung. Mit einer realistischen Erfolgsorientierung, die sie mit Hilfe ihrer Erfahrungen in Trance entwickeln kann, erhöht sich die Wahrscheinlichkeit eines tatsächlichen Gelingens.

Es besteht ein nachweisbarer Unterschied in der Wirksamkeit, ob Sie sich eine Sache im Wachbewußtsein lediglich *vorstellen* oder ob Sie sie lebendig *imaginieren*. Im Trancezustand haben die plastischen Imaginationen intensivere und anhaltendere Auswirkungen als die Vorsätze und die vergleichsweise flachen Vorstellungen des bewußten Denkens. Bei Vorstellungen herrscht noch der Gedanke vor, daß man sie »macht«, bei der Imagination hingegen das Gefühl des direkten Erlebens. Bei der hypnotischen Halluzination gar, wenn ein Bild, eine Stimme oder eine Empfindung klar sichtbar, deutlich vernehmbar oder spürbar auftaucht, erlebt man, daß einem diese Wahrnehmungen einfach kommen oder widerfahren.

Die Veränderung der Körperwahrnehmung im Trancezustand kann einer Person helfen, Schmerzen zu bewältigen oder störende Empfindungen (wie einen Tinnitus oder einen Juckreiz) auszublenden. Schmerzunempfindlichkeit läßt sich auf hypnotische Weise unter anderem dadurch erzeugen, daß der betreffende Köperbereich im Erleben dissoziiert, also ausgeblendet oder auf Distanz gebracht wird. Dies ist insbesondere bei chronischen Schmerzen hilfreich und ermöglicht chirurgische Eingriffe ohne chemische Anästhetika.

Verschiedene physiologische Werte, wie die Herzschlagrate, der systolische Blutdruck oder die Durchblutung und Temperatur in bestimmten Körperbereichen, lassen sich in Trance verändern und harmonisieren. So kann zum Beispiel die Beeinflussung von Blutgefäßen für die Migränetherapie genutzt werden. Auch auf die Produktion und das Verhalten körpereigener Substanzen (Botenstoffe, Hormone) kann mittels Hypnose eingewirkt werden. Zum Beispiel lassen sich der Katecholamin-, der Adrenalin- und Noradrenalinspiegel sowie das Streßhormon Kortisol im Blutplasma verringern. Auch wurden Auswirkungen der Hypnose auf die Menge und das Verhalten bestimmter Zellen der Immunabwehr nachgewiesen (z.B. eine Zunahme der Lymphozyten).

Rituale: Alte Muster beenden, Neues beginnen

Hypnose gibt auch einen Rahmen, in dem sich alte Muster beenden oder durch neue ersetzen lassen. Für Verabschiedungen und Neuanfänge (Initiationen) eignen sich von alters her Rituale. Hypnose stellt einen geeigneten Rahmen für therapeutische Rituale zur Verfügung. Zum Beispiel kann die innere Aussöhnung mit einem emotional nahestehenden Menschen, von dem man geschieden ist, in einer stimmigen Weise verbunden mit den entsprechenden Gefühlen, in der Trance stattfinden. Natürlich muß das im Gespräch vorbereitet worden sein.

Auch wenn dieser Mensch (manchmal ist es auch ein Tier, das nicht betrauert werden durfte) schon lange tot ist, so war doch noch wichtige Lebensenergie an ihn gebunden, über unerfüllte Wünsche, über Sehnsüchte oder Schuldvorwürfe. Man konnte ihn noch nicht gehen lassen oder fühlte sich von ihm nicht freigesprochen. Das kann nun in einer gültigen Weise in Trance nachgeholt werden. Solche Themen spielen oft eine entscheidende Rolle, wenn eine Person im Laufe ihres Lebens seelisch oder körperlich mißbraucht worden ist.

Abschiedsrituale

Auch von alten Gewohnheiten wie dem Rauchen, bei denen eine Art Abhängigkeit besteht, können Sie sich in einem würdigen Abschiedsritual endgültig lösen, nachdem Sie alles dazu Erforderliche gelernt und vorbereitet haben.

In solchen therapeutischen Anwendungen erfolgt eine Verbindung von hypnotischer Suggestion und hypnotischer Trance. Suggestionen passen besser und entfalten eine bessere Wirksamkeit, wenn sie im hypnotischen Zustand entstehen und damit im Einklang sind mit dem unbewußten Wissen der Person. In Trance ist der Zugang zu bildhaft gespeicherten Erfahrungen und bildhaften Verarbeitungen erleichtert. Diese sind ganzheitlicher, nutzen alle Sinne und schließen sogenannte Synästhesien, die gleichzeitige Erfahrung mehrerer Sinnesqualitäten, ein, zum Beispiel »die Temperatur dieser Farbe« oder »das Klangbild«. In der Trance herrscht auch eine andere Logik, die »Trance-Logik«, so daß der Lösungsprozeß nicht von der üblichen, durch die

Sprache des Intellekts bedingten Logik begrenzt wird. Die hypnotische Trance ermöglicht ein tieferes Verständnis des Lebens. Sein Reichtum und seine Vielschichtigkeit werden in diesem Zustand auf unmittelbare Weise erlebt.

Zwischenziele im Tranceprozeß

Um die Ziele der Therapie zu erreichen, werden im Prozeß der Trance geeignete Zwischenziele angestrebt. Hierzu gehören Fertigkeiten im Umgang mit sich selbst, zum Beispiel mit sich im Kontakt bleiben, auch wenn ein anderer etwas sagt; Dinge mit Abstand betrachten; sich Zeit nehmen; einfach da sein. Dies sind gleichzeitig Zwischenziele auf dem Weg in einen flexiblen und vertieften Trancezustand. Ein bereits erreichtes »Prozeßziel« wie ein beruhigter, angenehm fließender Atem kann wiederum genutzt werden, um daran einen nächsten Schritt anzuschließen, z.B. durch die Suggestion, mit jedem Ausatem noch etwas weiter loszulassen. Sobald dann dieses Prozeßziel (hier: eine tiefere Gelöstheit) erreicht ist, kann es als Basis für die nächstfolgende Suggestion etwa einer »Offenheit für Neues« dienen. Das ergibt sich ganz natürlich aus den vorangegangenen Schritten des Tranceprozesses. Eine auf dieses Zwischenziel der Trance lenkende Suggestion wird deshalb von der Person als passend erlebt und leicht umgesetzt.

Suggestion

Suggestionen im Alltag

Suggestionen begegnen uns im Alltag überall; denn Sprache ist intentional, also zielgerichtet. Jeder Sprecher hat eine Absicht, und Sätze sind dazu angetan, die Aufmerksamkeit des Zuhörers in bestimmte Richtungen zu lenken. Indem Informationen übermittelt werden, erzeugt der Redner eine Bereitschaft, in einer bestimmten Weise zu reagieren. Suggestion ist also ein allgemeines Kommunikationsphänomen.

- Gewissermaßen macht jeder Mensch, in direkter oder indirekter Form, Vorschläge und Vorhersagen, gibt Kommentare ab oder befiehlt. Dazu braucht er nicht einmal einen äußeren »Sender«; wenn er nur in sich hineinhört, kann jeder den Stichwortgeber in sich selbst entdecken, in verschiedenen Tonlagen und Stimmungen. Zum Beispiel behauptet vor einem Prüfungstermin eine innere Stimme ganz penetrant: »Wenn du das nicht schaffst, dann kannst du gleich ganz einpacken!«, und versetzt den Prüfungskandidaten in eine Panikstimmung, die ihn den Schreibtisch meiden und in der Wohnung umherlaufen läßt. Bei einer anderen Person hingegen kann dieselbe Behauptung eine ganz andere Reaktion auslösen, nämlich die realistische, positiv beeinflussende Gegen-Suggestion: »Nun mal halblang! Ich setz mich jetzt gleich hin und tu, was ich kann. Dann wird's wohl noch klappen«.

- Haben Sie bemerkt, daß der eine Gedanke sich in der Du-Form meldete, während die andere Seite in der Ich-Form sprach? Man könnte nun herausfinden, aus welcher Ecke diese beiden »Stimmen« kommen und wie qualifiziert ihre Aussagen sind. Daraufhin könnte man beide an einen runden Tisch bitten, um gemeinsam eine dritte, vielleicht noch befriedigendere Lösung zu finden. Die Phantasie dazu hat jeder, oder er kann sie entwickeln. Was Sie aber zusätzlich noch bräuchten, wäre der richtige Rahmen und vielleicht jemand, der Sie bei dieser inneren Arbeit unterstützt. Kreative Menschen schaffen sich in ihren »Minuten der Besinnung« immer wieder solche Bedingungen, wenn es einen Konflikt oder eine Aufgabe zu lösen gilt, die ein unübliches Herangehen erfordert. Wenn Sie das in Eigenregie noch nicht schaffen, können Sie dazu jemanden aufsuchen, der Ihnen hilft, diese inneren Möglichkeiten zu entwickeln. Das kann ein Hypnosetherapeut sein, denn Hypnose bietet die dafür geeigneten Bedingungen.

- Mit den Suggestionen der Sprache beeinflussen wir unser Verhalten und auch Körperprozesse, die nicht der willkürlichen Steuerung unterworfen sind. »Das, worauf wir achten, das wächst« wußte schon Goethe aufgrund der Forschungen zu seiner Farbenlehre zu berichten. Mit den Gedanken und Bildern, die unser Denken ausfüllen, setzen wir Kräfte in Gang, die genau jene Ergebnisse wachsen lassen, die diesem Denken entsprechen. Wenn jemand von sich das Bild eines Versagers hat und sich ständig vorsagt: »Mit dir ist sowieso nichts los; das schaffst du sowieso nie!«, dann werden ihn auch die anderen so behandeln, wie er es in seinen Gedanken herbeigefürchtet hat.

Natürlich wirkt dieses Prinzip ebenso in die andere Richtung, führt also zu besseren Resultaten, wenn Sie sich etwas Besseres vor Augen halten und im inneren Dialog selbst suggerieren. Wer an Besserung glaubt und sich schon mal vorstellt, was er nach der Entlassung aus dem Krankenhaus unternehmen wird, dem geht es besser und er hat größere Chancen, tatsächlich wieder gesund zu werden.

Das ist mit »Selbstsuggestion« gemeint

»Unser Leben ist das, wozu unsere Gedanken es machen« schrieb schon der römische Kaiser Marc Aurel. Ihre Vorstellungen und Erwartungen, Ihre inneren Appelle und Diskussionen bestimmen das, was Sie jeden Tag ernten. Mit ihnen schaffen Sie innere Geneigtheiten für die eine oder die andere Richtung oder versetzen sich in eine lähmende Patt-Situation. Gedanken und bildhafte Vorstellungen lösen innere Bereitstellungsreaktionen aus und setzen Energien in Bewegung. In welche Richtung diese Kräfte dann fließen und zu welchem Ergebnis sie führen, darauf haben Ihre gedanklichen Selbstsuggestionen, die Sie sich innerlich vorsagen, einen zusätzlichen, manchmal entscheidenden Einfluß.

Selbstsuggestion und hypnotische Suggestion

Um überprüfen zu können, durch welche Suggestion ein Verhalten ausgelöst wurde und von wem sie stammt, ist es gut, die *indirekten* Formen der Suggestion zu kennen. Es kann dann festgestellt werden, ob und von welcher Seite eine Beeinflussung erfolgt ist. Es kann dann geklärt werden, ob eine Suggestion *Ihren* Bedürfnissen und Ihren *heute* gültigen Zielen dient.

Das ist wichtig, wenn Sie davon loskommen wollen, sich selbst unbemerkt in Problemtrancen hineinzuhypnotisieren. Wenn Sie angesichts einer Herausforderung denken: »Das schaffst du doch nicht!«, so ist das eine wirksame Selbstsuggestion: Auf eine irgendwie schon vertraute Weise geht diese Vorhersage »wie von selbst« in Erfüllung. Es gibt also ein nahezu todsicheres Rezept, etwas zu erreichen, das Sie »eigentlich« nicht wollten: sich selbst erfüllende Prophezeiungen (»Das gelingt mir nie«). Dadurch können Sie sicherstellen, daß nichts Neues geschieht und die Zukunft lediglich ein Neuaufguß des bereits Gehabten wird.

- Diese Prophezeiungen haben eine Systematik, die der Person, die das Problem hat, verborgen ist. Sie hätte gerne etwas anderes, aber mit ihren Selbstsuggestionen stellt sie einen Zustand persönlicher Einengung her, in dem sie keinen Zugang mehr findet zur Gesamtheit ihrer Möglichkeiten. Sie ahnt vielleicht, daß sie sich mit dem, was sie sich einredet, selbst in diesen Zustand hineinredet, hat aber zu wenig Kontrolle über dieses Geschehen.

- Wenn Sie aber umgekehrt, statt Einengung zu produzieren, mit *befreienden* Vorstellungen und mit anderen Sätzen alternative Zustände erzeugen, kommen jene Ziele in Reichweite, die Sie tatsächlich anstreben.

Um nun therapeutische Suggestionen sinnvoll geben zu können, muß klar sein, wohin sie führen sollen. Dazu müssen zuerst die Richtung und das Ziel des Patienten sowie seine realen Möglichkeiten und Ressourcen, also die ihm zur Verfügung stehenden eigenen Hilfsquellen, erkundet werden. Zwischen Patient und Therapeut sollte dann eine ausdrückliche Übereinstimmung über Ziele und Vorgehensweise bestehen. Die Umsetzung einer Suggestion erfolgt auf seiten des Patienten immer mittels seiner *eigenen*

Prozesse der Informationsverarbeitung und der Gestaltung seines Erlebens. Die Suggestion des Therapeuten kommt also nur zur Wirkung, wenn der Patient sie zu seiner eigenen macht.

Das ist mit »hypnotischer Suggestion« gemeint

Im Unterschied zu Suggestionen, die als Vorschläge oder Befehle die bewußte Steuerung und Entscheidung ansprechen, setzt eine hypnotische Suggestion unbewußte Suchvorgänge und körperliche Prozesse in Gang, die unabhängig vom bewußten Denken und Wollen ablaufen. Bei psychologischen Problemen und psychosomatischen Leiden weiß der bewußte Versand nicht, wie er die notwendige Veränderung herbeiführen soll. Die in der Person bereitliegenden unbewußten Lösungsmöglichkeiten können nur mit Hilfe eines Geschehens zur Wirkung kommen, das nicht der Kontrolle durch das übliche Denken unterliegt. Deshalb zielt die hypnotische Suggestion auf einen inneren Prozeß der Selbstorganisation des Organismus ab. Sie löst spontane Reaktionen aus und führt zu nicht-willkürlichen »hypnotischen Phänomenen«.

Von der Suggestion unterscheidet man die Implikation, also die Bedeutung, die ein Wort, eine Geste oder Situation für eine Person hat. Die Beachtung solcher *Implikationen* ist ebenfalls ein wichtiges Mittel, um die Kommunikation zwischen Therapeut und Patient zielorientiert und konstruktiv zu gestalten.

Bei der Implikation wird nichts suggeriert. Die Person versteht ein Wort oder eine Situation von sich aus in einer bestimmten Weise. Betrachten wir hierzu das Wort »versuchen«, das häufig eine Rolle spielt, wenn es um eine schwierige Aufgabe oder Situation geht. Ein selbstunsicherer Mensch wird dieses Wort kaum im Sinne einer Chance verstehen. Er hört eher so etwas wie »Versuche es wenigstens (dann kann man dir jedenfalls nicht vorwerfen, du hättest es nicht einmal versucht, hättest überhaupt nichts getan)«. »Versuchen« bedeutet und fördert bei ihm ein halbherziges und mißerfolgsorientiertes Handeln. Ein selbstsicherer, erfolgsorientierter Mensch hingegen versteht dasselbe Wort als Gelegenheit zu einem »Freischuß« und sagt sich: »Ich versuche es einfach mal!«. Für ihn bedeutet, etwas zu versuchen, daß man es ausprobiert, es tatsächlich tut und sieht, was es bringt. Ein kundiger Hypnosetherapeut ist sich solch feiner Unterschiede bewußt. Er wird einen Patienten seltener auffordern, etwas zu versuchen und ihn statt dessen mehr dazu einladen, etwas *auszuprobieren*.

Andererseits wird er das Wort »versuchen« gezielt einsetzen, entweder wenn er etwas mit dem Patienten gemeinsam tut oder wenn er diesen auffordert, etwas zu tun, das mit höchster Wahrscheinlichkeit gelingen wird. Durch das »Versuchen« erscheint das dann als etwas, das auch mißlingen könnte. Und dadurch wird das Gelingen zu einem Beweis der Kompetenz des Patienten.

Bei der hypnotischen Suggestion werden nicht-willkürliche, zum Teil reflexgesteuerte Reaktionen ausgelöst und verstärkt. Hier kann der Therapeut zum Beispiel sagen, wenn sich ein Zeigefinger aufgrund einer in ihm entwickelten Haltespannung etwas angehoben hat: »Und *versuchen* Sie ruhig, *nicht* auf diesen Fingerzeig Ihres Unbewußten zu achten und auf diese *Leichtigkeit,* mit der das *ganz von selbst* kommt … und ruhig *noch etwas weitergehend* beobachtet werden kann«. Die Anhebung des Fingers mag dann tatsächlich weitergehen und, suggestiv begleitet, in ein nicht bewußt kontrolliertes Abheben und selbständiges Hochstreben der ganzen Hand übergeben. Wir sprechen dann von einer »Handlevitation«.

Drei Wirkprinzipien der Suggestion

Die drei wesentlichen Wirkprinzipien der Suggestion sind:

- *Selektive Aufmerksamkeit*: Die Idee, auf die man sich konzentriert, wird eher verwirklicht.
- *Dominanter Effekt*: Was am intensivsten erlebt wird, wirkt am nachhaltigsten. Also setzt sich diejenige Suggestion durch, die das Erleben anspricht, in das man sinnlich am meisten involviert ist und das am stärksten mit Gefühlen einhergeht. Ein lebendiges Bild wirkt deshalb tiefer und nachhaltiger als ein abstrakter Satz.
- *Entgegengesetzter Effekt*: Wenn etwas nicht durch bewußte Anstrengung erreicht werden kann, behindert ein bewußtes

Bemühen das Eintreten der erwünschten Reaktion (Einschlafen, Erektion und Orgasmus, Wiedererinnern von Vergessenem, Handlevitation, etc.) und erzeugt gerade die entgegengesetzte Wirkung. Es sind dann »paradoxe« Suggestionen vorzuziehen, die dem bewußten Bemühen entgegenwirken (z.B. das »versuchen Sie nicht ...« im vorigen Abschnitt).

Posthypnotische Suggestion

In der Trance werden Bilder, Ideen, innere Gewißheiten und gefühlshafte Zustände entwickelt, die in der Situation »draußen« bzw. zu Hause einen Lösungsschritt bewirken können. Sie werden dann durch posthypnotische, also erst nach der Hypnosesitzung wirksame Suggestionen mit einer solchen Anwendungssituation verknüpft. Ein Beispiel: »Wenn Sie hier so sitzen, können Sie sich an den Stuhl erinnern, in dem Sie zu Hause wirklich angenehm sitzen, abschalten und tiefer entspannen können. Und sobald sie ihn gefunden und plastisch vor sich haben – schauen Sie ihn sich genau an, so daß sich das einprägt – können Sie es Ihrem Unbewußten überlassen, das weiter zu gestalten.«

Posthypnotische Suggestionen können sich auf bestimmte Aktivitäten und auf die Gesamtbefindlichkeit beziehen. Beispiel: »Sie können entdecken, wie Sie in den kommenden Tagen in ganz verschiedenen Situationen Menschen einfach in die Augen schauen – einfach in die Augen schauen und sich mehr und mehr dabei wohlfühlen lernen.« Auch das Träumen bei Nacht als ein »Lernen im Schlaf« kann angesprochen werden. Dem Unbewußten wird dabei anheimgestellt, in der Traumzeit in Richtung einer Lösung weiterzuarbeiten.

Das ist mit »posthypnotischen Suggestionen« gemeint

Posthypnotische Suggestionen verbinden das Lernen und die Erfahrungen in Trance im Sinne der Ziele des Patienten mit Situationen seines Lebens im Alltag. Dabei wird eine solche Situation geistig vorweggenommen und verknüpft mit den in der Trance aktivierten Erfahrungen als Quelle neuer Möglichkeiten. Ihren Namen hat diese Suggestion davon, daß sie sich auf etwas bezieht, das nach (post) der Hypnose sein wird. Ihr Prinzip kann auch völlig ohne sprachliche Formulierung wirken. Es kommt lediglich darauf an, zwischen Trance- und Anwendungssituation in Bildern oder durch eine Geschichte eine lebendige Verknüpfung herzustellen, so daß die Tranceerfahrungen im Alltag zur Wirkung kommen.

Je weniger sich der Betroffene bewußt ist, wie in der Trance eine solche Verknüpfung hergestellt wurde und welche Inhalte miteinander verbunden wurden, um so weniger wird er sich im Anschluß an die Hypnose Gedanken darüber machen. Damit kommt es dann auch weniger dazu, daß sich hemmende Denkmuster, negative Suggestionen, Selbstherabsetzungen oder Zweifel zu dem Thema einmischen. Um so spontaner, freier und sicherer kann die posthypnotische Reaktion dann erfolgen.

Eine Amnesie nach der Hypnose, das Nicht-Erinnern bestimmter Teile des Trancegeschehens, dient also dem persönlichen Lernen. Sie schützt eine vielleicht gerade erst geborene und noch entwicklungsbedürftige Idee vor den Zweifeln, den nagenden und zersetzenden Einflüssen eines inneren Kritikers oder Angstmachers. Diese Amnesie kann spontan eintreten oder durch Suggestionen nahegelegt und gefördert werden.

Auch die posthypnotischen Suggestionen werden vom Patienten nur dann umgesetzt, wenn sie im Einklang mit seinen eigenen Interessen stehen. Andernfalls führt er sie einfach nicht aus oder tut an ihrer Stelle etwas anderes, das vielleicht an die Suggestion erinnert, sie aber nicht verwirklicht. In früheren, autoritären Hypnoseformen wurden die Suggestionen direkt als Aufforderungen in Befehlsform erteilt, weshalb sich das Bewußtsein zwangsläufig mit ihnen auf eine intellektuelle Weise beschäftigen mußte. Dies aber stand der Überzeugung entgegen, daß Suggestionen bildhaft vorgestellt und intensiv geglaubt werden müssen, um ihre Wirkung zu entfalten.

So wurde nun versucht, das kritische Denken auszuschalten: durch die Erzeugung möglichst tiefer Trancezustände und das

Suggerieren einer umfassenden Amnesie (»Und Sie werden sich nach der Rückkehr aus diesem Zustand an nichts mehr erinnern können! Ihr Geist wird sein wie eine soeben gelöschte Tafel« usw.). Das gelang auf diese Weise aber nur relativ selten. Von manchen Hypnotiseuren wurde deshalb zu chemischen Narkose- oder »Heilschlaf«-Mitteln gegriffen, die dann ca. 20 Minuten vor der »Besprechung« des Patienten mit den Suggestionen injiziert wurden. Ein solches Vorgehen ist abzulehnen, und es stellt nicht nur methodisch eine Sackgasse dar.

Ich erwähne das hier, weil nicht zuletzt diese Praxis die falsche Ansicht zementierte, daß man nach einer tiefen Trance keine Erinnerung an das Erleben während der Trance habe. Tatsache aber ist, daß der Patient mitbekommt, was in Trance geschieht. Er braucht aber nicht alles im Kurzzeitgedächtnis zu behalten. Er muß in der modernen Hypnotherapie im nachhinein nicht darüber berichten oder reflektieren. Manchmal aber ist es so, daß er selber über seine Erfahrungen in Trance nachdenken und sprechen möchte. Um sie in sein bewußtes Selbst zu integrieren, benötigt er die Erinnerung an sie. Eine vom Hypnotiseur beabsichtigte und forcierte Anmesie würde ihn aber genau daran hindern. In der Regel sorgt die unbewußt gesteuerte Selbstregulation des Geistes für das Maß an Informationsausgrenzung, das genau in diesem Moment des Lernens günstig ist. Damit gewährleistet ist, daß der Tranceprozeß in einer für den Patienten stimmigen Weise erfolgt, darf nicht mit chemischen Mitteln in den Stoffwechsel des Gehirns und in seine Selbstorganisation eingegriffen werden. Hier ist die medizinische Ethik als Garant für die Autonomie der Person gefordert.

Zum Begriff der Suggestibilität

Um im naturwissenschaftlichen Stil forschen zu können, werden auch in der Experimentellen Hypnose Begriffe benutzt, die in erster Linie diesem Stil entsprechen und weniger der Sache, um die es geht. Der Komplexität des Verhaltens in der hypnotischen Situation kann aber ein Begriff wie »Suggestibilität« oder Hypnosefähigkeit kaum gerecht werden. Er suggeriert, daß das

Maß und die Art, wie jemand Suggestionen annimmt und umsetzt, eine feste Persönlichkeitseigenschaft sei.

Ob und wie eine Person auf die Suggestionen einer anderen reagiert, ist aber vielfältig bedingt und wird nur zum Teil durch ihre persönlichen Anlagen vorbestimmt. Es handelt sich immer um eine Antwort auf eine komplexe zwischenmenschliche Situation, so wie sie vom Betroffenen gerade wahrgenommen wird. Der Prozeß, in dem der Patient seine Barrieren zum Therapeuten und zu sich selbst abbaut, kann langwierig sein. Personen, die bei Suggestibilitätstests »versagten«, zeigen in der therapeutischen Situation durchaus die Fähigkeit, in eine befriedigende Trance zu gehen.

Allerdings kann man beobachten, daß es Menschen gibt, die schnell entspannen, wegdriften und ihre Phantasie arbeiten lassen können. Im Hypnosetest wird nun gerade dieses Verhalten suggeriert, und letztlich wird gemessen, wie gut eine Person für diesen Test paßt. Wenn sie prompt so reagiert wie ihr nahegelegt wird, gilt sie als »hochsuggestibel«. Andere Personen, denen die standardisierten Aufgaben der Hypnosetests nicht passen (oder denen der Experimentator unsympathisch ist), werden dann zwangsläufig schlechter abschneiden.

Eine solchermaßen diagnostizierte »geringe Hypnosefähigkeit« kann sich leicht als Vorurteil auswirken. Es können dadurch tatsächlich vorhandene Lern- und Therapiemöglichkeiten verbaut werden. In der sich am Individuum orientierenden Hypnotherapie hat die Suggestibilität nicht mehr denselben Stellenwert wie früher in der Forschung. Hypnosetests können aber für die Therapieplanung genutzt werden und für den Aufbau der therapeutischen Beziehung, den sogenannten Rapport.

Das Unbewußte: Wissen und Können

»Unser normales waches Bewußtsein, das rationale Bewußtsein, wie wir es nennen, ist nur ein besonderer Bewußtseinstypus, während darum herum, getrennt nur durch die allerfeinsten Schleier, völlig verschiedene, potentielle Formen des Bewußtseins liegen«, schrieb William James, einer der Väter der wissenschaftlichen Psychologie.

Das bewußte Denken kann pro Sekunde 16–40 bits (binary digits, Unterscheidungen) präsentieren. Die Sinneskanäle hingegen leisten ca. 12 Millionen bits pro Sekunde. Der größte Teil der Welterfahrung erfolgt damit zwangsläufig unter- und unbewußt.

Die Rolle der beiden Hirnhälften

Um die verschiedenen Qualitäten des Bewußten und des Unbewußten besser zu verstehen, müssen wir uns daran erinnern, daß wir zwei Hirnhälften haben, die auf unterschiedliche Geistesfunktionen spezialisiert sind. Die tagsüber meist dominante Hirnhemisphäre ist der Bereich des sprachlich analysierenden Denkens. Bei einem Rechtshänder ist das die linke Hirnhälfte. Die andere, rechte Seite erfaßt mehr die komplexen Sinngestalten, ganze Situationen, Bilder, Klänge, Rhythmen und benutzt bereits gemachte Erfahrungen. Ihr sind die ganzheitlichen, intuitiven Prozesse zuzuordnen, während die linke Seite begrifflich trennt und linear denkt, also Schritt für Schritt vorgeht. Die zwei Hemisphären des Gehirns sehen die Welt auf verschiedene Weise und gehen mit demselben Material unterschiedlich um. Die linke analysiert entlang der Zeitachse, während die rechte über den Raum hinweg Zusammenhänge erfaßt. Die linke Hirnhälfte ist sozusagen der sezierende Wissenschaftler, während die rechte als zusammenschauender Poet beschrieben werden kann.

Die eine Seite ist für eine schöpferische und erfolgreiche Lebensgestaltung genauso wichtig wie die andere. Weder die bewußte noch die unbewußte Seite in uns ist irgendwie vorzüglicher oder liebenswerter; keine ist besser als die andere. Ich betone das, weil immer wieder zu beobachten ist, wie Bauernfänger einen Kult des »wunderbaren Unbewußten« praktizieren. Das Wunderbare ist unsere *ganze* hirnbiologische Ausstattung. Wir können auf keinen ihrer Aspekte verzichten und sollten keinen davon abwerten. Benötigt wird eine möglichst optimale Zusammenarbeit beider Seiten.

Ist diese gestört, weil z.B. einseitig nur die linke Hirnhälfte trainiert und für Entscheidungen benutzt wird, kommt es zu Gleichgewichtsstörungen auf der seelischen, geistigen und körperlichen Ebene. Hypnose ist eines der besonders bewährten Mittel, um wieder eine bessere dynamische Balance herzustellen. Bewußtes und Unbewußtes können dann, jedes auf seine Weise, in einer »konzertierten Aktion« des Geistes ökonomisch zusammenarbeiten.

Drei Bereiche unbewußten Wissens

Das, was in der Hypnoseliteratur als »das Unbewußte« bezeichnet wird, ist ein gedankliches Konstrukt, das folgende drei Bereiche zusammenfaßt:

- *Aktuell nicht mehr Erinnertes:* Erlebnisinhalte, die bewußt (in Begriffen codiert) wahrgenommen werden. Alles, was wir bewußt erleben und denken, kann nur begrenzte Zeit im Speicher des Kurzzeitgedächtnisses gehalten werden. Sobald wir neue, andere Dinge in den Fokus unserer Aufmerksamkeit nehmen, schlafen oder in Trance gehen, tritt das soeben noch Bewußte in den Hintergrund und gelangt in den Langzeitspeicher des Gedächtnisses. Das Unbewußte enthält also ehemals bewußtes Material und gewinnt jeden Tag neues hinzu durch das, was wir wahrnehmen und wieder vergessen, also nicht mehr ohne weiteres abrufen können.

- *Erlebtes, aber nicht bewußt Registriertes:* Sinnesreize aus der äußeren und der inneren Welt stellen den Hintergrund dar, vor dem die Figuren unserer bewußten Wahrnehmung agieren. Wir nehmen mehr an Sinnesdaten auf als wir denken und orientieren uns ganzheitlich, ohne jeden einzelnen Punkt des Erlebnisbildes bewußt zu registrieren. Diese Art der Verarbeitung komplexer Sinnesdaten verschafft uns automatisch ein riesiges unter- und unbewußtes Wissen über Situationen und Zusammenhänge.

- *Das Organisch-Unbewußte:* Im Kern einer jeden Zelle des Organismus befindet sich das gesammelte Wissen der Evolution, die Erbinformation. Die als »Engramme« bezeichneten körperlichen Gedächtnisbilder sind dynamische Bestandteile des Organisch-Unbewußten. Dieses gigantische Wissen organisiert die grundlegenden Lebensprozesse und ist die Quelle der »Weisheit des Organismus«. Es sorgt für das »instinktiv richtige Handeln«. Aus diesem biologischen Wissensgrund kommen intuitive Antriebe und jene spontanen Handlungen, mit denen wir – schneller als wir denken und manchmal gerade noch rechtzeitig – etwas »Unvernünftiges« tun, das sich überraschend als richtig erweist und sogar lebensrettend sein kann.

Dieses Gesamt-Unbewußte umfaßt nicht alle, aber doch sehr wesentliche Dimensionen der menschlichen Existenz. In seiner Domäne werden auch alle im Laufe des Lebens hinzukommenden, und nicht immer bewußten, Erfahrungen verwaltet und verarbeitet. Sie können besser genutzt werden, wenn mittels hypnotischer Trance eine zuvor einseitige Gehirntätigkeit um die Funktionen der anderen Seite erweitert wird.

Wie das Unbewußte arbeitet

C. G. Jung, einer der Begründer der Tiefenpsychologie, schrieb: »Das Unbewußte ist und bleibt jeder subjektiven Willkür entzogen, ein Bereich nicht zu verbessernder und nicht zu verderbender Natur und ihres Geheimnisses, das wir nur belauschen, aber nicht befingern können«; und der amerikanische Hypnotherapeut Milton Erickson sagte über diese prinzipielle Unmöglichkeit: »Man kann das Unbewußte nicht über das bewußte Denken begreifen.«

Die Frage »Wie funktioniert das Unbewußte?« kann man umfangreich abhandeln und dabei doch nicht beantworten. Eine Kurzgeschichte aber kann Ihnen helfen, mittels einer Analogie schnell ein Gefühl davon zu bekommen, wie der unbewußte Geist arbeitet.

Eine kleine Geschichte

Es lebte einmal am Rande der großen Stadt Krakau in ihrem Häuschen eine Frau. Nach Jahren der Not, die ihr Gottvertrauen nicht hatte erschüttern können, wird ihr im Traum befohlen, nach Prag zu gehen und unter der Brücke, die zum Königsschloß führt, nach einem Schatz zu suchen. Als der Traum zum drittenmal wiederkehrt, macht sie sich auf den Weg. In Prag aber stehen an der Brücke Tag und Nacht Wachtposten, und sie getraut sich nicht zu graben.

Doch kommt sie jeden Morgen zu der Brücke und umkreist sie bis zum Abend. Am dritten Tag fragt der Hauptmann der Wache, auf sie aufmerksam geworden, freundlich, ob sie hier etwas suche oder auf jemanden warte. Sie erzählt ihm, welcher Traum sie aus dem fernen Krakau hergeführt hat. Der Hauptmann lacht: »Und da bist du armes Mädchen mit deinen zerfetzten Sohlen – einem Traum zu Gefallen –-hergepilgert! Ja, wer den Träumen traut! Da hätte ich mich ja auch auf die Beine machen müssen, als es mir einmal im Traum befahl, nach Krakau zu gehen und im Garten bei einem Häuschen – ich kann Dir genau beschreiben, wo – nach einem Schatz zu graben. Wenn ich mir das vorstelle, wie ich in Krakau in fremder Leute Gärten rumgrabe! Nein – nicht ich!«

Und er gibt ihr, noch immer lachend, den guten Rat: »Geh heim – hier findest du ganz bestimmt nichts«. – Der Frau geht bei der Beschreibung des Häuschens ein Licht auf. Mit einem Dankeschön verabschiedet sie sich, und sogleich macht sie sich auf den Weg nach Hause. Dort gräbt sie in ihrem Garten bei ihrem Häuschen und findet ihren Schatz.

»Die genaue Beobachtung der unbewußten Vorgänge anerkennt, daß das Unbewußte eine gewisse schöpferische Autonomie besitzt. Das Unbewußte ist kein dämonisches Ungeheuer, sondern ein moralisch, ästhetisch und intellektuell indifferentes Naturwesen, das nur dann wirklich gefährlich ist, wenn unsere bewußte Einstellung dazu hoffnungslos unrichtig ist. Das Unbewußte spiegelt jenes Gesicht, das man ihm zeigt. Feindseligkeit gibt ihm drohende Gestalt, Entgegenkommen mildert seine Züge.«

C.G. Jung spricht hier vom Unbewußten wie von einem personalen Wesen. Innere Prozesse durch bekannte Symbole und Metaphern zu beschreiben, ist insofern sinnvoll, als es hilft, zu etwas Ungreifbarem eine persönliche Beziehung herzustellen, die zu sinnlichen Erfahrungen führt. Es liegt im sozialen Wesen des Menschen, etwas, das sein Ich-Bewußtsein überschreitet zu personifizieren. Dann kann er zu dem »Wesen«, das auf diese Weise gestaltet wurde, sprechen, es um etwas bitten und ihm gegenüber Dankbarkeit und anderes empfinden. Dieser Umgang mit dem unbewußten Wissen eignet sich vorzüglich für die Trance, in der die sinnlich-konkrete Informationsverarbeitung der rechten Hirnhemisphäre überwiegt.

Auf der Ebene der Bilder ist der Mensch mit dem tragenden Urgrund in Kontakt. Sie verbindet ihn mit Lebenserfahrungen aus Jahrmillionen Entwicklungsgeschichte, mit all dem, was geholfen hat, größte Bedrohungen zu überstehen und das erfolgreichste Wesen auf unserem Planeten zu werden. Die Sprache kam, welthistorisch betrachtet, erst vor kurzem noch hinzu, und damit auch das Ich-Bewußtsein. Über unsere Bilder, Fühlbilder, Rhythmen, Klangbilder, auch »Geruchsbilder« haben wir auch heute unmittelbaren Kontakt zum intuitiven Wissen. Auf dieser Ebene können Sie leichter mit dem unbewußten Wissen, das in Ihnen bereitliegt und arbeitet, in Kontakt treten.

Rapport und Beziehung

Der Begriff »Rapport« (frz. *rapporter* = zurückbringen, überbringen) bezeichnet allgemein einen Kontakt, der gut funktioniert. Die Personen sind dabei »auf gleicher Welle«, also aufeinander eingestimmt. Jeder erlebt sich verstanden, akzeptiert und kompetent. Dabei entwickelt sich gegenseitiges Vertrauen und mehr Zutrauen in die eigenen Fähigkeiten. Dies wiederum erhöht die Bereitschaft, etwas auszuprobieren.

- Weil ein solcher Zustand als befriedigend erlebt wird, bemüht sich jeder der Gesprächspartner, ihn aufrechtzuerhalten. Dazu orientieren sich die Beteiligten an ihrem Gegenüber und gleichen in einem gewissen Umfang ihre Wahrnehmungen und Gedanken einander an. So versucht Person A in dem, was B sagt, eine für sie zutreffende Bedeutung zu entdecken oder konstruiert einen passenden Sinn. Dabei reagiert sie auf Suggestionen, die in der Aussage von B enthalten sind.

- Wenn der Therapeut in seinem Denken und in seiner Sprache sich präzise auf den Patienten einstellt und dabei auch dessen Körpersprache (Haltung, Bewegungen, Atemmuster) beachtet, fördert das sein Gefühl für das Gegenüber. Es ermöglicht ihm, auf einfühlsame Weise zu verstehen. Diese sogenannte Empathie vertieft das Erleben beider und das Gefühl, aufeinander bezogen zu sein. Ein solches »Mitschwingen« schafft die Basis für weitergehende Schritte.

- Damit es weitergehen kann auf dem Weg in die therapeutische Trance, müssen vorab der Zweck und das angestrebte Ergebnis dieser gemeinsamen Bemühung geklärt worden sein. Erst nachdem das Ziel des Patienten präzise formuliert und mit ihm vereinbart wurde, ist der Therapeut ausreichend orientiert und legitimiert, den Patienten anzuleiten, für diesen Zweck in Trance zu gehen. Die Zielvereinbarung ist ein wesentliches Element, das die Beziehung der beiden begründet und zusammenhält.

- Um den Kontakt des Patienten mit sich selbst, seine innere Konzentration und Erlebnisweise zu vertiefen, bezieht der Therapeut in seine Äußerungen auch Wahrnehmungen und Gedanken ein, die vom Patienten nicht erwähnt wurden, dem Hypnosetherapeuten aber als wahrscheinlich gelten. Er spricht also Dinge an, die den Patienten beschäftigen dürften; und dieser ist angenehm überrascht davon, wie der andere ihn bereits versteht und mehr von ihm weiß, als er es selbst bisher sagen konnte. Minimale Körperreaktionen, deren sich der Klient nicht bewußt zu sein braucht, z.B. ein unwillkürliches Kopfnicken oder die unwillkürlichen Bewegungen bei geschlossenen Augen (REM), werden als Hinweise auf inneres Erleben beachtet, etwa als innere Bejahung oder inneres Bild.

Werden nun solche Signale vom Therapeuten zutreffend interpretiert und für die darauffolgende Suggestion genutzt (z.B. »und wenn es für sie stimmt, was sich da zeigt, können sie bei dieser Sache ruhig noch etwas verweilen – und dabei etwas entdecken, das Sie interessant finden«), dann wird das Vorhergesagte (verweilen und etwas entdecken, das als interessant befunden wird) eintreffen. Im Patienten beginnt sich dann eine Überzeugung zu entwickeln, daß der Therapeut ihm auch im Trance-Erlebnisraum nahe ist und sich gut auskennt. Die Erfahrung der Richtigkeit von dessen Vorhersage bestimmter Wahrnehmungen und autonomer Körperreaktionen führt dann zum Vertrauen in die Stimmigkeit der Vorhersage des Therapeuten. Das erhöht dann die unterbewußte Erwartung, daß auch weitergehende Suggestionen sich als zutreffend erweisen werden, und fördert entsprechende innere Prozesse. Dies geschieht also nach dem Prinzip der »sich selbst erfüllenden Prophezeiung«. Es entsteht die innere Überzeugung, daß auch andere Dinge außerhalb der Therapie möglich sind und eintreten werden. Damit erhöht sich die Wahrscheinlichkeit, daß posthypnotische Suggestionen umgesetzt werden.

Dies ist eine Beschreibung der hypnotischen Beziehung auf der Ebene der Kommunikation zwischen Therapeut und Patient. Da es sich beim hypnotischen Rapport um ein vielschichtiges Geschehen handelt, müßte man auch noch andere Ebenen betrachten. Eine davon habe ich oben bereits angedeutet: Der Kontakt mit dem Unbewußten als wie mit einer Person. Ich werde auf diesen Aspekt unter dem Stichwort »Das Unbewußte als das Dritte im Bunde« in diesem Buch noch genauer eingehen.

Hypnosetherapie, Hypnotherapie und ihre Anwendungsfelder

Hypnosetherapie ist die wohl älteste Heilmethode der Menschheit, die sich mentaler, also geistig-seelischer Techniken bedient, um leibliche und psychische Prozesse zu beeinflussen. Die Höhlenzeichnungen des urzeitlichen Menschen weisen auf letztlich hypnotisch wirkende Gruppenrituale hin, die vor der Jagd zur Bannung der Angst vor den wilden Tieren und zur seelisch-geistigen Stärkung der Gruppe vollzogen wurden. Im schamanistischen Heilwesen der Naturvölker finden magisch-hypnotische Rituale zur Festigung oder Wiederherstellung der individuellen Balance und des Clan-Friedens Verwendung.

Schriftliche Aufzeichnungen über Heilrituale, die nach hypnotischen Prinzipien erfolgten, sind bereits aus den ersten Hochkulturen, aus Mesopotamien und Ägypten überliefert. Im Heilwesen der Antike waren hypnotische Techniken für therapeutische Beeinflussungen und zur Erzeugung heilsamer Zustände insbesondere in Form des »Tempelschlafs« verbreitet. Nach dem Niedergang dieser Kulturen überlebten Elemente dieser Frühformen von Hypnose in den christlich-magischen Zeremonien der Mönchsärzte, in Klöstern und Wallfahrtstätten.

Mit dem Aufkommen der Naturwissenschaften kam es zu einer Neuinterpretation der Hypnose als einer Auswirkung des sogenannten »Magnetismus«. Im Zuge der Bemühungen, Hypnose wissenschaftlich zu begründen, setzten sich dann im 19. Jahrhundert neuere, psychologische Erklärungskonzepte durch. Die geistig-psychischen Funktionen des Menschen stellten sich als die Basis der Wirksamkeit von Hypnose heraus. Hypnose leistete damit einen ganz wesentlichen Beitrag zur Entwicklung der wissenschaftlichen Psychologie und für verschiedene heutige Psychotherapiemethoden.

Als eine eigenständige Therapieform war die Hypnose im 19. und 20. Jahrhundert abwechselnd sehr populär und wurde dann wieder zurückgedrängt. Diese Rückschläge sind nicht zuletzt auf die Tatsache zurückzuführen, daß an diese Methode häufig unrealistische Erwartungen geknüpft wurden. Auch konnten manche Ziele nicht erreicht werden, weil die früher praktizierte autoritäre Hypnose die tatsächliche Komplexität der menschlichen Psyche und der Krankheiten, die mit ihr zusammenhängen, nicht ausreichend berücksichtigte.

Zudem befand sich die Hypnose immer in einer Konkurrenzsituation. Die Ende des 19. Jahrhunderts einsetzende neurologische und psychologische Forschung und die immensen intellektuellen Anstrengungen der psychoanalytischen Bewegung schufen Berge theoretischen Wissens, an denen gemessen die damaligen Hypnosetheorien eher kleine Hügel waren. Hypnose war und ist auch heute vorwiegend eine Sache der Praxis und wendet dabei allgemeinpsychologische Prinzipien an, die viele tiefenpsychologische und lerntheoretische Erkenntnisse verwenden. Techniken der Psychoanalyse und der Verhaltenstherapie wurden nachweisbar auf dem methodischen Fundament der Hypnose entwickelt.

Mitte des 20. Jahrhunderts beschäftigten sich die Forscher wieder verstärkt mit der Hypnose, und es kam zu ihrer Neufundierung als einem wissenschaftlich begründbaren, hochwirksamen Therapieverfahren. Die moderne Hypnosetherapie ist eng verbunden mit den Arbeiten des amerikanischen Psychologen und Facharztes für Psychiatrie Milton H. Erickson. Der maßgeblich von ihm beeinflußte methodische Ansatz der Klinischen Hypnose oder Hypnotherapie gilt heute als der »Stand der Kunst«.

Anwendung der Hypnose im Überblick

Die Hypnotherapie ist ein eigenständiges Psychotherapieverfahren. Hypnose kann aber auch lediglich zur Erzeugung eines therapeutisch nutzbaren Trancezustandes im Rahmen einer anderen Methode eingesetzt werden. Eine solche Kombination führt bei Psychotherapien zu einer kürzeren und effizienteren Behandlung. Hypnose erhöht nachweisbar die Wirksamkeit desjenigen Verfahrens, in dessen Rahmen sie mitbenutzt wird. Durch sie verdoppelt sich der Behandlungseffekt.

Anwendungsfelder der modernen Hypnose

- Die *Klinische* Hypnose/Hypnosetherapie wird vor allem in der Psychotherapie und bei psychosomatischen Leiden, zur Schmerzkontrolle und bei Abhängigkeiten (z.B. zur Raucherentwöhnung) verwendet. Relativ neue Anwendungsfelder sind die leib-seelische Rehabilitation nach Krebserkrankungen (Psychoonkologie) sowie die Kinder- und Jugendlichentherapie.
- Die *Medizinische* Hypnose kommt wieder zunehmend in der Allgemein- und Facharztpraxis zur Anwendung, zum Beispiel zur Behandlung von Streßsymptomen, bei Bluthochdruck, Hörsturz, Immunschwäche, Allergien, Heuschnupfen, Asthma, Migräne, Hautproblemen und bei gynäkologischen Themen, wie Geburtsvorbereitung und Schmerzkontrolle beim Kaiserschnitt. In der Chirurgie wird von ihr ebenfalls wieder mehr Gebrauch gemacht, bei Anästhetika-Unverträglichkeit und wegen der besseren Blutungskontrolle und geringeren Nebenwirkungen einer Schmerzausschaltung durch Hypnose.
- Die *Zahnärztliche* Hypnose kommt zum Einsatz bei Anästhetika-Unverträglichkeit, zur Eliminierung des Würgereizes, zum Abbau von Ängsten (z.B. vor der Spritze) und Kieferbelastungen durch Bruxismus (Zähneknirschen).
- Im pädagogischen Bereich und in der Unternehmensberatung werden zunehmend hypnotherapeutische Prinzipien und Kommunikationsformen verwendet. In neueren Supervisoren-Ausbildungen und im Hypo-Coaching von Führungskräften werden suggestive Strategien und individuelle Selbsthypnosetechniken vermittelt.

(Zur Anwendung der hypnotischen Trance bei einzelnen Störungsbildern siehe »Einleitung und Nutzung der Trance«, Seite 32 ff.).

Die Klinische Hypnose gehört zu denjenigen Therapieverfahren, deren Effektivität gut belegt ist. Nach Auswertung umfangreicher wissenschaftlicher Studien mit mehreren tausend Patienten kann ihr eine gute Wirksamkeit bestätigt werden.

Geschichte des Heilens mit Hypnose

Im folgenden, zentralen Kapitel erfahren Sie nicht nur historische Fakten, sondern auch wichtige Zusammenhänge, die für ein eingehenderes Verständnis notwendig sind.

Wenn Sie dieses Kapitel gelesen haben, werden Sie mitreden können. Sie werden vieles von dem, was über Hypnose kursiert, einzuordnen wissen und eine eigene Sicht entwickelt haben.

Falls Sie es außerdem in Erwägung ziehen, Hypnose selbst einmal auszuprobieren, hilft Ihnen der nachfolgende historische Überblick, moderne von veralteten Angeboten zu unterscheiden und damit die für Sie beste Methode herauszufinden.

◄ Zur Einleitung der therapeutischen Trance wird hier die Fixierung des Blickes benutzt. Bei dieser Zentrierung der Aufmerksamkeit werden körperliche Prozesse und das übliche Denken beruhigt.

Hypnotische Rituale von der Steinzeit bis zum Beginn der Neuzeit

Die Hypnose ist die wohl älteste Methode, die sich geistig-seelischer Prozesse bedient, um Gesundheit zu sichern und Heilung zu ermöglichen. Hypnose kann als die »Mutter der Psychotherapie« bezeichnet werden. Ihre zentrale Technik besteht in der Entwicklung von Bewußtseinszuständen, die sich von dem üblichen Zustand unterscheiden, in dem ein Problem erlebt und aufrechterhalten wird. Durch die mit Hypnose verbundenen mentalen und körperlichen Prozesse können Sie in sich bereits schlummernde Möglichkeiten nutzen lernen.

Hypnose als Erweiterung des persönlichen Spielraums

Um ein Bild zu gebrauchen: Man ist es gewohnt, sich entweder im Wachzustand oder im Schlaf zu befinden, also lediglich auf *zwei* Ebenen oder Etagen des »Hauses«, in dem jeder lebt und das wir als *Selbst* bezeichnen. Es gibt noch eine Anzahl anderer Etagen, auch Keller, Speicher und Anbauten, die über bestimmte Treppen, über Brücken oder Lifte zu erreichen sind. Diese Bereiche sind nur wenig ausgeleuchtet oder liegen ganz im verborgenen.

Mit Hypnose können Sie nun entdecken, daß es diese Speicher voll Wissen und vergessener Erfahrungen in Ihnen gibt – und Ebenen mit Verarbeitungsmöglichkeiten für Informationen, von denen sie bisher nur träumen konnten. Im ganzen Lebensgebäude können Hilfsquellen entdeckt und genutzt werden – über alle Stockwerke hinweg miteinander verbunden. Sie entdecken dann neue und wirklich überraschende Anknüpfungsmöglichkeiten. Und: Was zuvor, einseitig gesehen, riesengroß den Blick versperrte, bekommt seinen Platz in einem erweiterten Rahmen. Bei Betrachtung des Ganzen bekommen Sie die rechte Übersicht und lernen sich besser zu verstehen.

Auch in der Hypnose weiß man manchmal nicht, daß man etwas lernt und worin es besteht, und denkt vielleicht, es hätte sich nichts getan. Doch dann überrascht Sie ein neues Verhalten oder ein erstaunliches Ergebnis, für das wohl auf einer anderen Etage gearbeitet wurde – ohne daß Sie davon wußten.

Ohne es sich zuvor auszudenken, macht man etwas automatisch anders. Sie gehen mit einer Situation oder einer Aufgabe anders um und lernen gleich noch etwas dazu. Vieles von dem, was hilft, ein Problem zu bewältigen, geschieht auf anderen Etagen als dort, wo das Wachbewußtsein sich gerade etwas zusammendenkt.

Urzeit und Schamanismus

Zeugnisse aus prähistorischer Zeit verweisen auf Rituale, in denen hypnotische Prinzipien und Techniken angewandt wurden. Steinzeitliche Höhlenzeichnungen von Jagdszenen zeigen, wie damals bedrohliche Situationen geistig vorweggenommen und positiv bearbeitet worden sind.

Aus der Volkskunde wissen wir, daß bei Naturvölkern zu gewissen Anlässen der Schamane (Medizinmann, Heiler und geistiger Führer des Stammes) tätig wird. Ihm obliegt es, bestimmte Rituale anzuleiten, um die leib-seelische Gesundheit einzelner wiederherzustellen und die Harmonie des Stammes mit den Ahnen, Göttern oder Naturkräften zu sichern. Rituale können zur Vorbereitung auf belastende Ereignisse oder zur Abreaktion von emotionalem Streß dienen, der sonst das Wohlergehen des einzelnen und der Gemeinschaft gefährden würde.

Die Vorwegnahme der Zukunft

Eine in prähistorischer Zeit viel verwendete schamanistische Technik wird in der Hypnosetherapie als Zukunftsprojektion bezeichnet. Sie findet auch in anderen effizienten Therapieformen, wie z.B. der Verhaltenstherapie Verwendung. Die urzeitlichen Höhlenmalereien sind Belege für den Versuch, mittels einer geistigen Vorwegnahme des zukünftigen Ereignisses und seiner

Fixierung im Wandbild die Jagd auf riesige Wisente und Mammuts erfolgreich zu meistern.

»Was wir sehen, das glauben wir« oder »was wir im Griffel haben, haben wir auch im Griff« mag die unausgesprochene Suggestion sein, die mit diesen Darstellungen verbunden war und das Gruppen-Ich stärkte. Ob dabei auch eine Verbindung mit der Kraft des Tieres oder eine mystische Union mit Stammesgöttern oder Ahnen angestrebt wurde, läßt sich nur vermuten.

In späteren Zeiten ernährte sich der Mensch vorwiegend von Ackerbau und Viehzucht. Nahrungsversorgung war nun weniger gefährlich und oblag nicht mehr den Jägern. Das hypnotische Ritual galt nun weniger der Bannung äußerer Gefahren, also der Bewältigung von Furcht. Jetzt war man mehr mit dem emotionalen Streß konfrontiert, den die Lebensweise für die Frauen brachte: Sie trugen jetzt die Hauptlast der Versorgung mit Nahrung und hatten im Vergleich zum Viehzüchter die eintönigere und auf Dauer belastendere Tätigkeit. Durch die immergleichen und oft wenig anerkannten Arbeiten auf dem Felde und im Haushalt (und beim gleichzeitigen Gebot, emotional ausgeglichen ihren Männern und Kindern Freude zu spenden) war das leib-seelische Gleichgewicht der Frauen gefährdet. Rituale, die zur Wiederherstellung der Balance dienten, kamen deshalb nun vermehrt den Frauen zugute. Bei rituellen Treffen mit tranceinduzierendem Gesang, Trommelrhythmen und Tanz konnten sie aus sich herausgehen und Dampf ablassen. Dieses Ausleben von Gefühlen in der Gruppe war gut für die seelische Hygiene der Person und für den Stammesfrieden.

Alte Rituale in unserer Zeit

Auch heutzutage können wir ähnlich archaisch anmutende Rituale erleben. Häufig finden sie im Rahmen eines ausgelassenen Festes, bei dem viel getrunken, gesungen und getanzt wird, ihren Platz. Sie müssen also nicht nach Brasilien zur Macumba-Priesterin, nach Westafrika, zum Voodoo-Zauberer oder zu den Schamanen in den Grassteppen der Mongolei fahren. Europa bietet mit seinen regional gepflegten Bräuchen einen reichen Fundus überlieferter Rituale. Häufig erscheinen sie im Gewand christlicher Bräuche, die auf ursprünglich »heidnische« Riten zurückgehen.

Auch bei etwas angeblich Trivialem wie einer Wahlveranstaltung kann man studieren (zum Beispiel in meiner bayerischen Heimat), wie durch Freibier, ausgewählte Ethnomusik, durch gemeinschaftlichen Gesang (zumindest der Landeshymne) und durch forciertes rhythmisches Klatschen eine Atmosphäre geschaffen wird, welche die Empfänglichkeit der Teilnehmer für die Suggestionen ihres Häuptlings steigert. Um alle Sinnesorgane einzubeziehen, wird mit gegrillten Hühnern und Würsten für eine positiv stimulierende Duftkulisse gesorgt.

Anwesend ist meistens auch ein geistlicher Führer (analog dem Schamanen). Am Sonntag, dem Tag des wöchentlichen Gemeinschaftsrituals, gibt dieser dann in der bedeutungsschwangeren Atmosphäre eines Sakralbaus den erwartungsvoll Lauschenden von einem exponierten Platze aus bestimmte Suggestionen direkter und indirekter Art. Vorbereitet und vertieft wird auch hier die Stimmung durch hymnische Gesänge oder monotonen Sprechgesang (Litaneien) und mittels eines die Sinne betörenden Duftes (Weihrauch).

Völkerkundliche Vergleiche verweisen darauf, daß zwischen dem Ritus einer katholischen Messe und dem Peyote-Kult der Indianer Neu-Mexikos erstaunliche Übereinstimmungen bestehen im Ablauf, in verwendeten Symbolen und in der Herbeiführung eines speziellen Bewußtseinszustands. Dieser unterscheidet sich vom üblichen Wachzustand durch die spezielle Fokussierung der Aufmerksamkeit. In der Hypnosetherapie wird er für die Trancearbeit genutzt.

Östliche Religionen betonen häufig Meditation und die Lösung vom Körper. Fakire und Yogis verwenden seit alters selbsterzeugte Trancezustände, um sich unempfindlich gegen Schmerzen zu machen. Eine große Religion mit ausdrücklicher Trancetradition ist der Hinduismus. Das größte Ereignis in Malaysia zum Beispiel ist das alljährliche Büßerfest »Thaipusan«, übersetzt mit »der Ruf zur Trance«.

Hypnotische Rituale in den ersten Hochkulturen

Bis in das Mesopotamien des 7. Jahrtausends v. Chr. kann man die Spur der Hypnosebehandlung im religiösen Rahmen zurückverfolgen. Eingebunden in sakrale Handlungen, wurden hypnotische Methoden von Assyrern und Babyloniern zur Austreibung krankmachender Dämonen benutzt. Bereits um 5000 v. Chr. verwendeten ägyptische Priester ähnliche Techniken. Um 2000 v. Chr. verbreiteten sie sich weiträumig. Persische Magier und Orakelstätten veranstalteten Zeremonien, die durch Gruppenhypnose-Techniken gekennzeichnet waren.

Hypnotische Rituale wurden in allen antiken Hochkulturen zur Weissagung und für Heilungszwecke benutzt. Dabei kommt es, entsprechend der Kosmologie der betreffenden Kultur, zu einer »Eingebung« oder anderen Einwirkung auf den Menschen durch die jeweils angerufene Gottheit.

Selbsthypnose im alten Ägypten

Der erste überlieferte Text, in dem das Hervorrufen eines Trancezustandes geschildert wird, stammt aus dem Ägypten des Jahres 1550 v. Chr.; der Urtext dürfte bereits im vorgeschichtlichen Ägypten entstanden sein. Im *Demotisch-Magischen Papyrus* finden sich bereits Anweisungen, wie man durch das Fixieren des Lichts einer Öllampe Selbsthypnose erzeugen kann. Es wird weiter geschildert, wie ein Knabe angeleitet wird, in einen Trancezustand zu gehen. Dazu muß er, kurz vor Sonnenaufgang, seinen Blick auf den Punkt fixieren, an dem Sonnengott Ra erscheinen wird. Mittels dieser Trance-Induktion wurde nach dem Glauben der Ägypter der Kontakt zur Welt der Götter hergestellt, die man dann im veränderten Bewußtseinszustand über die Zukunft befragte.

Ab 500 v. Chr. wurde in Ägypten und in den Tempeln der Isis die Trance als Heilschlaf eingesetzt. In einem solchen sieben- oder neuntägigen Schlaf der besonderen Art, unterstützt von der Monotonie des Ortes, dem geheimnisvoll-unverständlichen Gemurmel der Priesterärzte und der erwartungsvollen Atmosphäre, erschien dem Kranken die Göttin Isis. Sie sprach zu ihm im Traum, gab Hinweise auf Art und Ursache der Erkrankung und erteilte Anweisungen zu ihrer Behandlung.

Heilkunst im frühen Griechenland und im alten Rom

Der große Platon kannte sich nicht nur in der Philosophie, sondern auch in der Heilkunde aus. Von ihm ist uns ein Text überliefert, der wichtige Hinweise auf hypnotische Prinzipien in Einzeltherapien gibt. In einem seiner berühmten Dialoge sagt Sokrates dem jungen Charmides, der wegen eines Mittels gegen seinen Kopfschmerz gekommen ist, was zu beachten sei: »Die Seele aber, mein Guter«, zitiert Sokrates dabei einen seiner Lehrer, einen thrakischen Arzt, »die Seele also wird behandelt durch gewisse Besprechungen, und diese Besprechungen sind die schönen Reden; denn durch solche Reden entsteht in der Seele Besonnenheit, und wenn diese sich entwickelt hat, ist es leicht, Gesundheit auch dem Kopf und dem übrigen Körper zu verschaffen«.

Mittels der hypnotischen »schönen Reden« wird der seelische Zustand so reguliert, daß das Schmerzmittel richtig helfen kann. Um diesen positiven Zustand zu erreichen, ist es aber unerläßlich, sich im Gespräch gegenüber dem Therapeuten zu öffnen – und auf diese Weise zu Sinnen (Besonnenheit) zu kommen. Ohne diesen Prozeß wäre die Verabreichung des Mittels verfehlt und nicht verantwortbar; es würde zu keiner Heilung gereichen, sondern nur einer einseitigen Behandlung dienen.

Dieses überlieferte Beispiel für ganzheitliches therapeutisches Denken verweist nicht nur auf die heilende Wirkung der Sprache, sondern auch, worauf diese Sprache zielt: auf das sinnlich erfahrbare, gegenwärtige Erleben. Und weiter betont Platon die therapeutische Beziehung als eine Voraussetzung dafür, daß die Suggestionen ihre positive Wirkung entfalten.

Wie Platon diese Botschaft vermittelt, zeigt ihn als geschickten Lehrer: Er belehrt nicht einfach, sondern *erzählt* von einem Lehrer und was dieser ihm, dem Sokrates und dieser dem Charmides gesagt habe. Wir haben hier ein Beispiel für elegante Mehr-Ebenen-Kommunikation, die auch die moderne Hypnose kennzeichnet. Hier wird kein Widerstand erzeugt. Es wird nichts eingeredet oder, wie in autoritären Hypnosen, etwas »aufgetragen«, befohlen oder »suggestiv« wiederholt.

Statt dessen wird mittels der Geschichte dem Patienten in liebevoller Weise nahegebracht, um was es geht. Dieser kann die Parabel aktiv nachvollziehen, innerlich auf seine eigene Weise gestalten und verstehen. Der Patient wird also nicht unterfordert oder durch Befehle irritiert. Er wird weder zur Passivität verurteilt noch zum Widerstand gedrängt. So kann er seinen individuellen Anteil zur Therapie beitragen.

Auch in Griechenland waren viele Tempel gleichzeitig Heilzentren, in denen der Tempelschlaf praktiziert wurde. Auch hier wurden entsprechende Gottheiten, vor allem Asklepios, um heilsame Traumbotschaften angerufen. Die sprachliche Formulierung der göttlichen Hinweise oblag den Priestern. Diese trugen vor, während und nach dem Heilschlaf in suggestiver Weise Ideen an den Kranken heran. Eingebunden in den Kult, dem sie sich geweiht hatten, waren sie Heiler – nicht aus eigener Macht, sondern im Einklang mit den Ideen und Überzeugungen, welche die Gemeinschaft zusammenhielten und hineinreichten in die Psyche des Einzelnen.

Der berühmte römische Arzt Galen begründete im 2. Jahrhundert n. Chr. den Tempelschlaf wissenschaftlich. Er wies die Patienten direkt an, über ein bestimmtes Thema zu träumen und gab vor dem Schlaf Suggestionen, die sich auf den Inhalt der Träume auswirken sollten. Gleichsam Samenkörnern wurden Ideen gesät, die im Traum weiterreifen sollten. Ähnliches begegnet uns in den modernen Hypnosetechniken des »Ideensäens« und des hypnotisch induzierten Träumens.

Bei Galen verordnete die angerufene Gottheit dem Kranken auch sehr profane Dinge, wie sich zu Hause mehr zu bewegen und öfter zu baden. Auch legte sie ihm musische Betätigung nahe. Die Therapie zielte darauf ab, daß der Patient aktiv etwas tat, das gut für ihn war. Mitunter wurden ihm äußerst unlogisch erscheinende Tätigkeiten abverlangt, wenn er z.B. barfuß laufen sollte, obwohl es Winter war. Wir entdecken also bereits bei Galen sogenannte paradoxe Interventionen und das Prinzip, dem Patienten Aufgaben mitzugeben.

Heiler im Urchristentum und im Mittelalter

Die Faszination, die Jesus von Nazareth auf die Volksmassen ausübte, als er wundertätig durch die Lande zog, wurde besonders durch seine Heilungen genährt. Die Menschen bewunderten in ihm eine übernatürliche Macht und einige fragten, ob er dabei nicht mit dem Teufel im Bunde stünde. Die Vorstellung, daß man sich Dämonen als Hilfsgeister zu Diensten machen sollte, war im Denken sehr verbreitet. Jesus betonte daraufhin, daß weder er – als eine Art Übermensch – noch eine dämonische Hilfskraft diese Wunder vollbringe, daß sie vielmehr geschähen durch eine übergeordnete, umfassendere Kraft: »… im Namen des Vaters, der im Himmel ist.« Seinen Jüngern gab er den Auftrag zu heilen mit auf den Weg, und damit die Überzeugung, dies »im Namen des Vaters und des Sohnes und des heiligen Geistes« auch zu können.

Diese Suggestion erwies sich zunächst als sehr wirksam. Sie wurde aber im Laufe der Geschichte von immer weniger Priestern umgesetzt. Eine Suggestion funktioniert nur, wenn sie zu der betreffenden Person paßt und von ihr geglaubt wird. Ein Grundgesetz der Hypnose lautet: »Eine Fremdsuggestion wird nur wirksam, wenn sie zu einer Selbstsuggestion wird.«

Beim Gottesdienst der katholischen Kirche spricht der Gläubige, kurz bevor es zum Höhepunkt, der Kommunion (Vereinigung mit Jesus) kommt, inbrünstig die Worte des Hauptmanns von Kapernaum: »Herr, ich bin nicht würdig, daß Du eingehst unter mein Dach – aber sprich nur ein Wort, so wird meine Seele (original: mein Knecht) gesund!« In solchen Selbstsuggestionen wird der Glaube an die Macht des Wortes bekräftigt. Wenn die Suggestionen kurz darauf, beim Empfang des Sakramentes, eine gefühlsintensive Bestätigung erfahren, wird dieser Glaube zusätzlich verstärkt. Dieser ganze Vorgang ist eingebettet in eine Geschichte, bei der sich der Gläubige mit dem Hauptmann identifiziert, dem Jesus antwortet: »Gehe hin. Es geschehe, wie du geglaubt.«

Nicht nur Priester waren prädestiniert zu heilen, sondern auch andere Menschen, die in der Welt der Ideen und in der Machthierarchie höher standen und sich als Gottesdiener oder selbst wie Götter fühlten. So gehörte es im antiken Rom zur Aura, die den Kaiser umgab, daß er heilen könne. Und zwar durch bloßes Handauflegen, wie schon Jesus. »Der Glaube macht selig« gilt universell, nicht nur für Christen. Im frühen Christentum wurde vom Priester erwartet, daß er mit seinen Worten und Gebeten, mit Weihwasser, Reliquien und durch Handauflegen heilsam auch auf den Körper des Menschen einwirken könne. Diese Fähigkeit wandelte sich im Laufe der Zeit zu einer Sache von Spezialisten, die für ihre »Wunderheilungen« dann heiliggesprochen wurden.

Der Niedergang der Medizin

Mit dem Verfall des römischen Reiches und seiner Tempelkultur verfiel auch die Medizinwissenschaft der Antike. In christlichen Klöstern konnten Reste des Behandlungswissens überdauern. Die Kranken pilgerten zu den Klöstern und Wallfahrtsstätten, wo es nach der Anrufung Gottes, Marias oder anderer Heiligen zu Heilungen gekommen war. Mönche gingen in die Dörfer, um mit verschiedenen Ritualen und der magischen Praxis der Teufelsaustreibung Krankheiten zu bekämpfen. Leiden, die auf Verwünschungen, Besessenheit u.ä. zurückgeführt wurden, behandelten sie mit suggestiven Methoden. Denn wenn die Befürchtung, verhext zu sein, als Selbstsuggestion zu Krankheitssymptomen führte, dann konnte der Mönchsarzt dem begegnen: mit therapeutischen Suggestionen in Anrufungen, Gebeten und liturgischen Gesängen. In ländlichen Gebieten finden wir auch heute noch Personen, die Symptome »besprechen« und Krankheiten »abbeten«.

Beginn der Neuzeit: Naturkräfte für Heilzwecke

Von den jungen Wissenschaften erhoffte man sich, wenn schon nicht das Heil, so doch mächtige Heilmittel. Dem Magneten wurden aufgrund seiner eigenartigen, nicht direkt faßbaren Wirkungen etwas Seelenhaftes zugeschrieben. Es lag nahe, daß nicht nur Ärzte, sondern auch Laien auf die Idee kamen, Magneten für Heilzwecke einzusetzen. Einer von ihnen war der französische Abbé Lenoble, also ein Priester. Den Kranken legte er Eisenmagneten auf die betroffenen Körperstellen und hoffte auf die Wirkung der magnetischen Energie. Sie sollte in den Organismus strömen und dort heilsame Veränderungen auslösen. Diese Prozedur erschien der offiziellen Medizin so abwegig, daß es zu einer Untersuchung kam und zur Ablehnung dieser Anwendungen als Scharlatanerie. Die beauftragten Ärzte mußten Lenoble aber bestätigen, daß er viele Heilerfolge nachweisen konnte, die von Dauer waren.

Bereits im 16. Jahrhundert hatte der Arzt Paracelsus die Idee gehabt, es gäbe einen kranken und einen gesunden Magnetismus. Wenn nun ein Gesunder die kranke Energie aus dem Körper des Patienten an sich zöge, könne er diese neutralisieren. Paracelsus setzte Eisenmagneten ein, um Krämpfe zu behandeln, Blutungen zu stillen und versuchte sogar, gebrochene Knochen damit zusammenzufügen.

Entwicklung der Hypnose in der Neuzeit

Interessanterweise müssen wir hier zuerst einen Blick auf das magisch-hypnotische Ritual des Exorzismus werfen. Dieses lebt von der Idee, der Teufel (bzw. das Symptom) würde durch das Wirken göttlicher, also übernatürlicher Kräfte ausgetrieben. Die Widerlegung dieser Grundannahme machte den Weg frei für naturwissenschaftlich und psychologisch begründete Theorien der Hypnose.

Vom Exorzismus zum Magnetismus

In der Mitte des 18. Jahrhunderts arbeitete im schwäbischen Ellwangen der Pater Joseph Gaßner. Sein Werkzeug war der Exorzismus. Gaßners Methode wies Prinzipien auf, die heute in gefühlsaktivierenden, kathartischen Methoden der Psychotherapie Beachtung finden. Zum Beispiel rief Gaßner, um es verändern (austreiben) zu können, das problematische Verhalten (den »Teufel« im Patienten) erst einmal hervor.

Er machte den Dämon also erst einmal ausfindig, um ihn daraufhin zu »zähmen«. Die problemhaften Ausdrucksweisen der Wut, des Zweifels, der Tollheit und Albernheit als Äußerungsformen des Dämons, gelangten so unter die Kontrolle des Exorzisten. Dieser konnte dem Dämon daraufhin befehlen, auszufahren. Gaßner demonstrierte dabei, ohne es zu wissen, eindeutig suggestive Prinzipien und Reaktionen. Außerdem konnte man bei ihm, wie in der Hypnose, die gezielte Benutzung einer zweiten Sprache beobachten. Als Mönchsarzt benutzte er Latein als »hypnotische Sprache«.

Wie es bei einem Priester naheliegt und wie es in den Denkrahmen der Menschen paßte, die seine Hilfe in Anspruch nahmen, erklärte Pater Gaßner seine Therapie durch die Kraft Gottes. Er war damit äußerst erfolgreich. Aber: Die Auswirkungen seines Tuns auf das Denken in der Bevölkerung wurden vom höheren Klerus mit Unbehagen betrachtet. Auch die Bayerische Akademie der Wissenschaften wollte sich Klarheit darüber verschaffen, ob die Tätigkeit des Exorzisten Gaßner zu vertreten und mit dem Denken der neuen Zeit zu vereinbaren sei. Es war schließlich die Epoche der Aufklärung. Und so wurde 1775 eine Untersuchungskommission eingesetzt, die den Doktor der Philosophie und der Medizin Johann Anton Mesmer (1734–1815) mit der Erstellung eines Gutachtens beauftragte. In seinem Bericht bestätigte Mesmer, daß Gaßners Methode funktioniere. Er verwarf aber dessen Annahme, es würde eine göttliche Kraft aktiv.

Mesmer stellte seine eigene »Theorie des animalischen Magnetismus« dagegen und erklärte, daß der Erfolg Gaßners auf *natürlichen* Kräften beruhe. Zur Erzeugung und Beseitigung der Symptome von Besessenheit genüge ihm sein Magnetismus; eine *übernatürliche* Instanz sei dazu nicht erforderlich. Jedes Lebewesen habe Anteil an einem konkreten »universellen Fluidum«, einer magnetischen Energie, deren Menge und Verteilung im Körper über Erkrankung oder Heilung entscheide. Durch die Exorzismusprozedur würde die ungünstige Energielage im kranken, sich besessen wähnenden Menschen positiv verändert.

Diese Erklärung paßte nun viel besser in das Denken der Auftraggeber des Gutachtens, und die Lehre vom animalischen Magnetismus verbreitete sich explosionsartig. Bald wurde in halb Europa und Nordamerika *mesmerisiert*. Daß Mesmer viel Zulauf hatte, lag nicht nur daran, daß er eine neue Theorie vertrat. Er war eine attraktive Erscheinung und verstand es, die Behandlungsrituale sehr beeindruckend zu gestalten. Systematisch benutzte er Gruppeneffekte wie die Affektansteckung. Die Erfahrungen, die der Teilnehmer an einer dieser Heilungszeremonien (Séancen) für sich machte, schufen einen starken Glauben an die Wirksamkeit des Magnetismus.

Mesmers Theorie war recht anschaulich: Das Maß des magnetischen Fluidums und seine harmonische Verteilung ist in Mensch und Tier ausschlaggebend dafür, daß sich der Organismus in einem gesunden Gleichgewicht befindet. In das universelle magnetische Kraftfeld eingebunden, bezieht der Gesunde aus diesem ständig neue Energie.

Der Magnetiseur ist mit magnetischer Energie vollgeladen, die er immer wieder aus dem Universum nachlädt und in sich speichert. Er kann dem in seiner Energie gestörten und verarmten Kranken dadurch helfen, daß er ihm Energie aus seinem eigenen Körper überträgt und den stockenden Energiestrom neu in Fluß bringt. Die Bezeichnung *Rapport* für die spezielle Beziehung zwischen Hypnotiseur und Patient hat in dieser Idee der buchstäblichen »Übertragung« von Energie ihre Wurzel. Sie erfolgte bei Mesmer bevorzugt durch Berührungen mit der Hand oder mit einem Stab, der mit »animalischem Magnetismus« aufgeladen war. Hinzu kam ein intensiver Blickkontakt und ein Streichen mit den Händen über den Körper auf vorgeschriebenen Bahnen. Hierdurch sollte im Körper eine »Krise« hervorgerufen und die Energie gleichmäßig verteilt werden.

Es kam in der besonderen Atmosphäre solcher Behandlungen häufig dazu, daß Patienten unkontrollierte Bewegungen, Krämpfe und Zuckungen zeigten. Diese Abreaktion wurde als dramatische Zuspitzung der Krankheit, als Krise interpretiert, auf die hin die Magnetisierten erschöpft in einen schlafähnlichen Zustand sanken. Dieser Bewußtseinszustand wurde als »magnetischer Schlaf« bezeichnet und als Bestätigung dafür gesehen, daß die Energie erfolgreich übertragen und die innere Harmonie wiederhergestellt worden war. Viele Patienten konnten oder wollten sich nach einer solchen Strapaze nicht mehr an das erinnern, was sie in diesem Ausnahmezustand erlebt oder getan hatten.

Sich an nichts mehr erinnern

Wir begegnen hier dem Phänomen der *Amnesie*, dem Nicht-erinnern-Können. Es ist so, als habe die Person ihre Erlebnisse im ekstatischen Zustand vergessen, so wie sich ein Schlafwandler auch nicht mehr an das erinnert, was er im somnambulen Zustand erlebt hat. Krise und Amnesie kennzeichneten auch den Exorzismus und galten als Beweis für dessen Wirksamkeit.

Wenn die Krise einherging mit Äußerungen, die im normalen Leben unterdrückt wurden und als ungehörig, lästerlich oder obszön erschienen wären, dann lag es nahe, diese nicht mehr zu erinnern. So hatte man für sie keine Verantwortung und ihretwegen keine Gewissensbisse.

Mesmer hatte es verstanden, vor den Mitgliedern der Akademie der Wissenschaften den Zustand und die Phänomene der Krise allein mit Hilfe seines Magnetismus hervorzurufen. Damit hatte er anschaulich die Überlegenheit seiner Sicht über die alte, »dämonologische« Erklärungsweise demonstriert.

An die Grenzen seines Konzeptes kam Mesmer jedoch, als seine Magnetisierungsversuche bei kranken Kindern und Pferden fehlschlugen. Wenn aber nun seine Theorie, daß jedes Lebewesen mit dem magnetischen Fluidum geladen sei, gestimmt hätte, wäre es ihm möglich gewesen, auf *alle* Kranken einen vorhersagbaren Einfluß auszuüben. Tatsächlich aber entzogen sich Kinder und Tiere dieser Kontrolle. Den Hauptgrund dafür möchte ich Ihnen kurz erläutern.

Bedingungen und Grenzen der Suggestion

Wenn jemand seine Theorie überzeugend vertritt und diese in Einklang steht mit den Ideen und Bedürfnissen der Menschen, die zu ihm kommen, dann besteht eine hohe Wahrscheinlichkeit dafür, daß sein Ritual auch funktioniert. Je mehr die Ideen seiner Theorie in der jeweiligen Gruppe oder Kultur verankert sind, um so zuverlässiger kommt es zu einem Zusammenspiel. In ihm werden Zustände und Phänomene erzeugt, die Auswirkungen auf die Gruppe und das Individuum haben. Es wird sozusagen gemeinsam eine spezifische Wirklichkeit erzeugt, die dann konkrete Wirkungen zeitigt.

Wenn es nicht zu dieser »Passung« kommt und z.B. die Ideen eines Magnetiseurs mit den »Ideen« eines Pferdes oder dem Situationsverständnis des Kindes nicht übereinstimmen, entsteht diese gemeinsame Wirklichkeit nicht. Der Kraftschluß mit seinen Wirkungen bleibt aus.

Festzuhalten ist: Die moderne Hypnose steht in der Tradition Mesmers, auch wenn dessen Theorie schon bald als überholt galt und die Praxis der Hypnose sich vom Magnetisieren deutlich unterscheidet. Die Gemeinsamkeiten bestehen in der Betonung des erzeugten Zustandes und in der Bemühung um eine wissenschaftliche Begründung des Vorgehens und der Wirkung des Hypnotiseurs/Magnetiseurs. Mit Mesmer beginnt, in Unterscheidung von den magisch-mythologischen Hypnoseritualen, die wissenschaftlich orientierte Hypnose.

Das »Dritte« als entscheidende Wirkkraft

Wir können feststellen, daß sowohl Exorzisten als auch Magnetiseure mit einer *dritten Kraft* zusammenarbeiten. Dies trifft auch für die Priesterärzte der Antike und des Christentums und die meisten Schamenen zu. Zu den Heilwirkungen kommt es nicht dadurch, daß ein imposanter Mensch einem anderen, den er fasziniert, etwas Neues sagt bzw. suggeriert. Es geht auch nicht um eine »Macht«, die vom einen auf den andern ausgeübt würde. Heiler verstehen sich meistens als Vermittler oder als Medien, also Mittel einer Kraft und eines Wissens, das durch keinerlei willentliche Anstrengung verfügbar gemacht werden kann.

Kontakt und Heilung

Dieses grundsätzlich *andere* wird als etwas betrachtet, das jenseits der Grenzen des bewußten Ich und bereits vor diesem Konzept der Person existiert. Um jene Kraft, die das Ich übersteigt und von ihm nicht zu kontrollieren ist, wirksam werden zu lassen, bedarf es der Beziehung des Patienten zu einem Mittler, der ihn dabei unterstützt, mit der dritten Kraft in Kontakt zu sein, welche die Heilung letztlich bewirkt.

Nach unserem heutigen Verständnis bedeutet das, daß einem Kranken in einer geeigneten Weise vermittelt wird, wie er Bedingungen schaffen kann, um die Selbstheilungskräfte des Organismus zu reaktivieren, welche die Heilung ermöglichen. Hierzu kann das Patienten-Ich, über den Kontakt mit dem Hypnosetherapeuten und dem eigenen ganzheitlichen Erleben, dem es sich in Trance öffnet, in eine Kooperation gelangen mit dem Dritten, das über beide hinausreicht und sie transzendiert.

Therapeut und Patient haben also nicht bloß auf der Ebene ihrer beiden Ichs miteinander Kontakt, sondern sprechen sozusagen einen »Dritten im Bunde« an. Mit diesem ist jeder für sich und sind beide gemeinsam verbunden.

In den Heilsystemen der Antike, des Mittelalters und im Schamanismus der Naturvölker wurde das Dritte als eine äußere Größe, als Gottheit oder Dämon gesehen. Auch in der Neuzeit wurde es lange als von außerhalb kommend betrachtet. Zwar hatte mit Mesmer eine Neuinterpretation dieses Dritten als einer natürlichen, irdischen Kraft stattgefunden; aber immer noch war die Annahme verbreitet, es handele sich um etwas, das von außerhalb in die Person einfließen müsse. Erst allmählich begann eine Umorientierung und erst Ende des 19. Jahrhunderts übernahm das sogenannte Unbewußte die Rolle des »Dritten im Bunde«.

Dieses Dritte, der große Verbündete des Ich und des Therapeuten, fehlt bei den suggestionistischen Methoden. Dort werden die hypnotischen Wirkungen der Macht von Worten zugeschrieben, und Hypnose wird gleichgesetzt mit Suggestion. Suggestionisten verwenden aus einem Repertoire meist vorformulierter Sätze jene, die ihnen dem Gutdünken nach geeignet erscheinen. Sodann hoffen sie, daß sich durch Konzentration und eindringliches Wiederholen der betreffenden Sätze in der Person »die Macht der Suggestion« entfalte. Um zu verstehen, welcher Weg in diese Sackgasse führte, zurück zu den historischen Fakten.

Die Psychologisierung des Magnetismus

Mesmers Ansehen geriet ins Wanken, als zwei wissenschaftliche Kommissionen 1784 seine Theorie zurückwiesen und erklärten, magnetischen Phänomene würden auf Einbildung beruhen. Mesmers Heilerfolge wurden jedoch nicht bezweifelt. Und so hatte er noch über mehrere Jahre hinweg Zulauf. Man ging dazu über, *psychologische* Prozesse, wie Erfolgserwartung, Imagination und Nachahmung, für die Phänomene des Magnetisierens verantwortlich zu machen.

Einen bedeutsamen Beitrag dazu leistete in Frankreich der Marquis de Puységur (1751–1825). Er rückte von Mesmers Idee eines physikalischen Fluidums ab und glaubte statt dessen, daß der Magnetiseur geistig-seelische Kräfte auf den Patienten übertrage. Die Provokation dramatischer Krisen lehnte er ab und entwickelte sanftere Formen der Behandlung. Dabei machte er die Entdeckung, daß einer seiner Patienten, ein Bediensteter auf de Puységurs Schloß, einen *somnambulen* Zustand entwickelte, ähnlich dem eines Schlafwandlers. In diesem Zustand war er in der Lage, ganz natürlich und fließend zu sprechen, während er sich im Normalzustand seinem Dienstherrn gegenüber kaum zu artikulieren vermochte. Danach konnte er sich an die Inhalte dieser Somnambul-Trance nicht mehr erinnern. Bei Mesmer waren ebenfalls Amnesien aufgetreten; aber erst de Puységur beschrieb sie als ein Phänomen der Trance. Seine Lehre brachte er auf den einfachen Nenner: Glauben und Wollen. Das heißt, man muß etwas uneingeschränkt *wollen* und daran *glauben*, daß man es bewirken kann. Er betonte den »magnetischen Schlaf« als die ruhige Erscheinungsform des Magnetismus und schuf damit eine Brücke zu den von Entspannung und Beruhigung gekennzeichneten Trance-Induktionen der Hypnose.

De Puységur begründete ein neues, psychologisches Verständnis des Rapport. Zuerst hatte er noch geglaubt, daß der Magnetiseur seine besondere Kraft auf den Kranken übertrage. Aufgrund seiner Beobachtungen an somnambulen, also leicht in Trance versetzten Personen erweiterte er seine Ansicht: Anfangs ginge die Aktivität vom Therapeuten aus. Er »magnetisiere« den Patienten. Jener sei dabei in einer passiven Position. Sobald der Patient aber den Trancezustand erreiche, sei dessen eigene Aktivität entscheidend. Im Kontakt mit Dimensionen, die über den Alltags-Wachzustand hinausgehen, habe er Zugang zu anderen Bereichen des Wissens, aus denen er nun Hinweise auf seine Erkrankung und ihre Behandlung beziehe.

Spiritismus

Diese Wissensbereiche können auch als ein äußerer Geist, z.B. als Geist eines Verstorbenen oder als »Weltgeist«, erlebt werden. Das führt dann bei einigen zu der Überzeugung, sie hätten »mediale Fähigkeiten« und könnten Kontakte zu Verstorbenen und zu nicht-menschlichen Intelligenzen herstellen. Vor allem im angloamerikanischen Raum werden seit Mitte des 19. Jahrhunderts spiritistische Sitzungen mit solchen Personen abgehalten, die bei sich einen somnambulen Zustand leicht erzeugen können und dabei ausreichend gesprächig bleiben. Diese Mode schwappte auch auf Europa über und wird in entsprechenden Zirkeln noch immer gepflegt.

Ein weiterer Entwicklungsschritt der Hypnose ist mit dem aus Portugal stammenden Priester José Custodio di Faria (1755–1819) verbunden. Nach ihm ist die Konzentration für die Entwicklung des Trancezustandes entscheidend. Di Faria verstand die in Trance gegebene therapeutische Suggestion als ein an den Patienten herangetragenes Motiv, also nicht als direkten Einfluß. Wie bei Puységur tritt auch bei Faria die Bedeutung des Therapeuten zurück. Den letztlich entscheidenden Kontakt zur dritten Kraft hat der Patient selbst. Faria kannte bereits die Tatsache der Selbstsuggestion und ihre Bedeutung für die posthypnotischen Suggestionen. Er wies auch bereits auf das Phänomen der »Dissoziation« hin, wenn er davon sprach, daß im Zustand der Trance sich die Seele vom Körper etwas trennen würde. Dabei käme es zu einer »gemischten Intuition«, bei der sich Vergangenes, Gegenwärtiges und Zukunftbezogenes zu neuen Bildern und Ideen forme.

Chirurgische Eingriffe unter Hypnose

Zwei Ärzte von der britischen Insel lenkten die Aufmerksamkeit auf eines der spektakulärsten Anwendungsgebiete der medizinischen Hypnose: John Elliotson (1791–1868) und James Esdaile (1808–1859) hatten mehrere hundert chirurgische Eingriffe und

Amputationen mit Hypnose als alleinigem Mittel zur Schmerzbewältigung durchgeführt. Chemische Narkosemittel wie Äther und Chloroform gab es noch nicht. Elliotson und Esdaile berichteten u. a. von Oberschenkelamputationen, Brustoperationen und Nierenstein- und Gallenstein-Entfernungen, wobei in ca. 80 Prozent der Fälle Schmerzlosigkeit erzeugt werden konnte. Ein weiterer Vorteil der Hypnose bestand darin, daß der bei chirurgischen Eingriffen gefürchtete physiologische Schock vermieden werden konnte. Esdaile steigerte mit seiner Methode die damalige Überlebensrate bei Hodenoperationen von 50 auf 95 Prozent.

Elliotson wandte die damals noch als Mesmerisierung bezeichnete Hypnose auch bei Geisteskrankheiten und bei Persönlichkeitsstörungen, bei Epilepsie, Asthma, Neuralgien und Rheuma an. Er betonte ihre Wirksamkeit bei funktionellen Herzbeschwerden und funktionellen Störungen des Zentralnervensystems. Interessanterweise bereitete es ihm, im Unterschied zu Mesmer, überhaupt keine Schwierigkeiten, Kinder zu mesmerisieren. Sein psychologisch erweitertes Hypnosekonzept befähigte ihn, auch zu Kindern den geeigneten Kontakt herzustellen.

Daß aber nicht nur die zwischenmenschliche Beziehung, sondern auch kulturelle Faktoren darüber entscheiden, ob Hypnose erfolgreich eingesetzt werden kann, mußte sein Kollege Esdaile erfahren. Dessen Erfolgsstatistik galt für Operationen, die er in Indien durchgeführt hatte. Daheim in England hatte er keine auch nur annähernd so hohe Erfolgsquote mehr. Offensichtlich paßte die Idee der Schmerzausschaltung durch Hypnose den englischen Patienten weniger. Für sie war Esdaile lediglich ein einheimischer Arzt, während die Inder dem Doktor aus dem fernen Großbritannien Dinge zugetraut hatten, die ihren Horizont überschritten.

Hypnose wirkt, wenn man irgendwie daran glaubt

Hypnose findet immer in einem soziokulturellen Rahmen statt, der bestimmt, welche Bedeutung ihr zugeschrieben wird und was von ihr erwartet werden darf. Hypnose wirkt dann, wenn in der betreffenden Gruppe oder Kultur geglaubt wird, daß Hypnose wirkt. Der Glaube an die Wirksamkeit eines Mittels oder einer Methode wird als ihr »Placebo-Effekt« beschrieben. Das System der jeweils gültigen Ideen und Überzeugungen entscheidet, ob Hypnose als Behandlung akzeptiert wird und welche Macht man ihr zuschreibt. Bei Suggestionen sind nicht nur der Inhalt und die angemessene Vermittlung wichtig – es kommt auch darauf an, *wer* sie gibt! Nur in dem Maß, wie Patienten den Therapeuten mit Macht ausstatten, kann er diese Macht für sie wirksam werden lassen.

Die Hypnose bekommt ihren Namen

Die Umorientierung von äußeren Wirkkräften zu inneren bekam einen wesentlichen Impuls durch den Augenarzt James Braid, der in Manchester praktizierte. Dieser führte 1843 die Bezeichnung »Hypnose« ein. Er löste sich von der Idee des Magnetismus, war aber zunächst noch der Meinung, daß es sich bei dem als »magnetischer Schlaf« bezeichneten Zustand tatsächlich um Schlaf handele. Deshalb die Anlehnung an Hypnos, den griechischen Gott des Schlafes.

Zwar ging Braid noch davon aus, daß der Patient bei der Behandlung unter dem seelischen Einfluß des Hypnotiseurs stünde. Als den wichtigsten Wirkfaktor für die Therapie sah er aber den Trancezustand an. Dieser wird vom Patienten durch die Konzentration seiner Aufmerksamkeit auf eine einzige Idee erzeugt. Dabei wird seine Vorstellungskraft angeregt. Auch der Glaube des Patienten an die imaginierten Möglichkeiten und die Erwartung, daß sie Wirklichkeit werden, sind in Hypnose intensiver und wirksamer als im Wachzustand. Zu der Frage, ob in Hypnose jemand gegen seinen Willen zu etwas veranlaßt werden könne, das sich gegen andere richtet, betonte Braid: Das *Bewußtsein* und der *Wille* einer Person in Trance sind weiterhin so intakt, daß eine antisoziale Handlung ausgeschlossen werden kann.

Liébeault, Bernheim, Charcot: Hypnoseforschung

Die beiden französischen Mediziner Auguste Liébeault (1823–1904) und Hippolyte Bernheim (1840–1919) griffen Braids Gedanken auf und verhalfen im ausgehenden 19. Jahrhundert der Hypnose zu einem großen Aufschwung. Sie gingen konsequent davon aus, daß die Hypnose eine Variante des natürlichen menschlichen Erlebens und Verhaltens sei und durch psychische Aktivität gesteuert werde. Der ganze Prozeß und die Phänomene der Trance hingen von keinerlei äußeren Kraft, also auch nicht vom Willen des Hypnotiseurs ab. Das Interesse galt nun der Suggestion.

Gemeinsam erforschten Liébeault und Bernheim, wann und wie eine suggerierte Idee vom Gehirn angenommen wird und über die innere Vorstellung auf das Erleben und Verhalten wirkt. Sie führten den Begriff der Suggestibilität ein für die bei jedem vorhandene, aber individuell geprägte Bereitschaft, auf Suggestionen zu reagieren und in Trance zu gehen. Der Suggestibilität am nächsten komme »die Fähigkeit, etwas zu glauben, so daß es wirklich werden kann«. Beide benutzten die Hypnose erfolgreich zur Symptombeseitigung und bewiesen in tausenden von Fällen, daß die Hypnosekur zu anhaltenden Heilungen führt.

Bevor diese »erste Schule von Nancy« überragende Bedeutung erlangte, mußte sie sich mit dem berühmten Neurologen Jean Martin Charcot (1825–1893) auseinandersetzen. Dieser experimentierte um 1880 in seiner Pariser Klinik mit hysterischen Patientinnen, die er, durch das Bestreichen des Körpers mit den Händen, mesmerisieren ließ. Er erstellte eine Klassifikation der Stadien und Phänomene der Trance und machte die Hypnose zu einem anerkannten Forschungsthema. Bedauerlicherweise geriet er in eine Sackgasse, weil er an der längst überholten Idee Mesmers festhielt, daß eine *Erkrankung* die Voraussetzung dafür sei, wenn jemand auf das Magnetisieren anspräche. Wenn seine Patientinnen mit den Zeichen der Krise, also mit Schüttelkrämpfen, mit Affektausbrüchen, Lethargie und Amnesie reagierten, deutete Charcot dies als Hinweis auf einen hysterischen Anfall, den er mit seinem autoritär gebrüllten Befehl »Schlafen Sie! Schlafen Sie! Schlafen!« künstlich auszulösen glaubte.

Da Charcot seine Beobachtungen ausschließlich an Hysterie-Patientinnen machte, kam er zu falschen Schlußfolgerungen: Er schloß von seinen Patientinnen auf alle Hypnosefähigen und verallgemeinerte, daß alle, die leicht in Trance gehen, leichtgläubig seien, von geringer Willenskraft und in ihrem Erleben und Verhalten labil. Diese Fehleinschätzung überdauerte ihn und seine Zeit als eines jener Mißverständnisse, die viele Menschen daran hinderten, sich der Hypnose zu bedienen.

Es muß angemerkt werden, daß Charcot selbst nicht hypnotisierte. Das war Sache seiner Assistenten. Er hielt zweimal die Woche Vorträge, bei denen Patientinnen vorgeführt wurden. Ähnlich wie ein Bühnenhypnotiseur benutzte er bei seiner »Schreckhypnose« eine dramatische Geste, die den vorbereiteten Patientinnen signalisierte, jetzt in Trance zu fallen. Diese Falldemonstrationen waren ein beliebtes Spektakel, das sich die Studenten und auch Teile der Pariser Gesellschaft nicht entgehen ließen.

Später wurde bekannt, daß die Patientinnen sich untereinander darüber informiert hatten, was in den Sitzungen geschah – und von ihnen erwartet wurde. Dies erinnert an das Zusammenspiel von Teilnehmern einer Bühnenhypnose mit dem Show-Hypnotiseur. Im gewissen Sinne waren Charcots Veranstaltungen eine Bühne für darstellungsbereite Akteure, und er selbst agierte ebenfalls in beeindruckender Weise.

Vergessen, veränderte Zeitwahrnehmung, Trancetiefe

Wenn man Bilder von Hypnosebehandlungen jener Zeit betrachtet, fällt auf, daß die Hauptperson meist eine relativ junge, sich exaltiert gebärdende und für die damalige Zeit recht freizügig also unvollständig gekleidete Frau war. Um sie herum standen in der Regel Männer, am Rande manchmal Gaffer in Gehrock und Zylinder, die sich Kommentare zutuschelten.

Ist es da nicht verständlich, daß eine Frau, die als Patientin in eine solche, eigentlich kompromittierende Situation gelangt war, ein ausgeprägtes Bedürfnis hatte, ihre Gefühle und obszön wirkenden Gesten und Worte anschließend *nicht* zu erinnern? Die

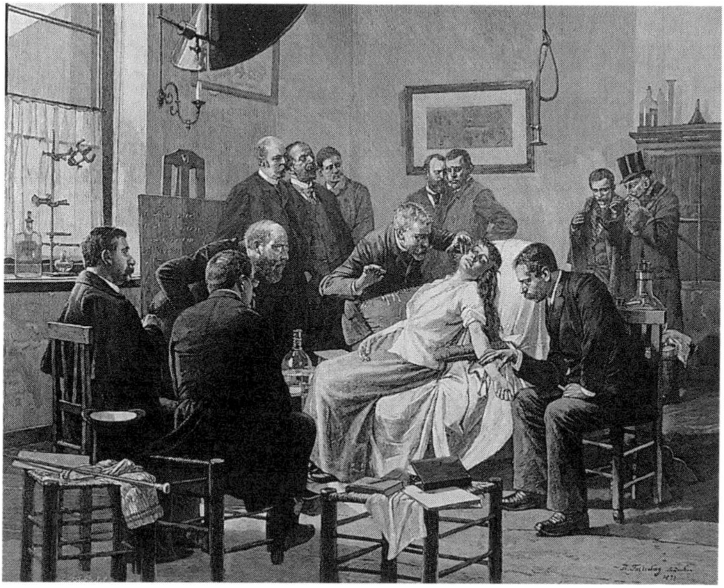

Hypnose 1896 (Stahlstich) Quelle: Dr. B. Peter

hypnotische Ausnahmesituation ermöglichte ihr, einiges von dem »rauszulassen«, das sie in ihrem Alltag unterdrücken und verdrängen mußte. Bei ihrer Rückkehr in den bürgerlichen Alltag hätte die Erinnerung an das Geschehen in Trance eine belastende und für sie bedrohliche Hypothek dargestellt. Deshalb war es für sie notwendig, eine totale Amnesie für diese Phase zu entwickeln.

Personen, die in sich ruhen, dabei geistig flexibel, vielfältig interessiert und phantasiebegabt sind, haben kein besonderes Bedürfnis, Amnesie zu entwickeln. Spontan hypnosefähige Personen sind in der Regel ich-starke, kreative Persönlichkeiten und brauchen die interessanten und bereichernden Tranceerfahrungen vor ihrem Bewußtsein nicht zu verleugnen. Allerdings können ihre Ideen darüber, was bei der Hypnose möglich ist, dazu beitragen, daß sie gerne eine Amnesie erleben. Diese geht dann meist einher mit einer veränderten Zeitwahrnehmung.

In Trance kann eine Stunde zum Beispiel wie 20 Minuten erlebt werden. Wenn das so ist, können Sie sich logischerweise nicht gleich an alles erinnern, was in dieser Zeit gesagt und erlebt wurde. Interessanterweise kann das unbewußt gespeicherte Wissen in einer neuen Trance zumindest teilweise wieder zugänglich werden und in den Träumen bei Nacht weiterarbeiten. Damit läßt sich nachweisen, daß es sich bei der Amnesie nicht um ein Vergessen im Sinne eines Löschens von Wissensinhalten handelt. Vielmehr geht es um eine Barriere, die den aktiven Zugriff des bewußten Denkens auf vorhandenes inneres Wissen erschwert, unter geeigneten Bedingungen aber durchlässig wird.

Das Nicht-Erinnern ist auch ein Ausdruck davon, daß unser Gedächtnis »zustandsgebunden« ist; d.h. Wissen ist immer verbunden mit Situationen und mit unserer Befindlichkeit (Physiologie, Aktivierungsniveau des Gehirns, bestimmte Emotionen). Ein extremes Beispiel: Im Rausch denkt man wenig an seine guten Vorsätze und an die Dinge des Alltags, und im nüchternen Zustand gibt es nur wenig, das mit dem Erleben im Rausch verbunden wäre. Man befindet sich auf unterschiedlichen Ebenen.

Je mehr sich Bewußtseinszustände voneinander unterscheiden, um so weniger weiß man in dem einen vom andern. Wenn aber eine Zusammenarbeit über verschiedene Etagen hinweg erforderlich ist, um ein bestimmtes Projekt voranzubringen, muß ein Austausch zwischen ihnen stattfinden können. Für die Therapie eines wirklichen Problems ist die Integration von unbewußtem *und* bewußtem Wissen erforderlich. Dazu muß ein Brückenschlag zwischen Bewußtem und Unbewußtem möglich sein. Es bringt nichts, einen Trancezustand maximal zu vertiefen, um Suggestionen möglichst tief einzupflanzen, wenn es dann keine Brücke zum Bewußtsein mehr gibt, wo sie Ausdruck finden könnten. Diese Suggestionen können therapeutisch nicht wirksam sein, erklären die Hypnoseforscher Erickson und Rossi.

Für die meisten therapeutischen Zwecke sind deshalb leichte bis mittlere Trancetiefen besser geeignet, wobei es dann nur in geringerem Maße oder gar nicht zu einer Amnesie kommt.

Gruppenhypnose

Der schwedische Arzt Otto Wetterstrand war gegen Ende des 19. Jahrhunderts einer der bekanntesten Praktiker, nicht zuletzt deshalb, weil in seinem Haus in Stockholm jeden Nachmittag zur festgelegten Stunde eine Hypnosesitzung mit ca. 40 Teilnehmern stattfand. Er benutzte die seelische Ansteckung (daß z.B., wenn einer zu gähnen anfängt, bald mehrere das gleiche tun). Wetterstrand ging kurz zu jedem einzelnen Patienten, beginnend mit jenen, mit denen er bereits Kontakt gehabt hatte. Diese gingen schnell in Trance.

Man kann sich vorstellen, welchen Eindruck es auf Neulinge machte, wenn sie erlebten, wie vor ihnen einer nach dem andern in Trance fiel. Diesen sozialpsychologischen Effekt konnten wir bereits in Mesmers Séancen beobachten. Bis heute wird er von Bühnenhypnotiseuren systematisch dazu benutzt, um durch ein geschicktes Situationsarrangement die angeblich »bezwingende Macht« ihrer Person oder der Hypnose zu demonstrieren. In der am Lernen orientierten Hypnose sprechen wir nicht von »Ansteckung«, dafür aber vom »Lernen am Modell«. Dieses Prinzip kann genutzt werden, um Patienten, bei denen die spontane Trancebereitschaft erst gering ausgeprägt ist, durch das Beispiel einer bereits in Trance befindlichen Person die eigene Tranceentwicklung zu erleichtern.

Mit seiner sanften Vorgehensweise erreichte Wetterstrand mehr als die Magnetisten. Er behandelte mit Erfolg viele der bekannten Störungsbilder und setzte bei Morphinisten, Kokain- und Nikotinabhängigen und bei Alkoholikern die Dauerhypnose ein. Dabei wurden die Suchtkranken einer Therapie unterzogen, bei welcher der hypnotische Zustand über Tage und Wochen aufrechterhalten wurde. Wetterstrand erkannte bereits, daß es weniger auf den Glauben des Patienten an die Hypnose als vielmehr auf seine Fähigkeit ankommt, eine Idee innerlich so umzusetzen, daß es zu entsprechenden Auswirkungen in seinem Körper und auf sein Verhalten kommt.

Der Glaube an die Suggestion: Suggestionismus

Während Wetterstrand Wert auf eine möglichst tiefe Trance legte, dabei aber gleichzeitig auf eine individuelle, zum Patienten passende Hypnoseeinleitung und Führung achtete, propagierte der Apotheker Emile Coué (1857–1926) bald ein Verfahren, das sich mit Entspannung zufriedengab. Um so mehr Gewicht wurde auf die sprachliche Suggestion gelegt.

Das Vorgehen reduzierte sich häufig darauf, »neue, hoffnungsvolle Gedanken, die heilen sollen, in die Seele der Patienten einzuträufeln«. Coué richtete seine Suggestionen zumeist an alle im Raum Versammelten gleichzeitig. Er wollte sie dazu erziehen, sich geeignete Selbstsuggestionen vorzusagen und sich dabei vorzustellen, diese hätten sich bereits verwirklicht. Zur Demonstration ließ er beispielsweise die schmerzende Hand eines Patienten bestreichen und diesen so schnell wie möglich sagen: »Es geht vorbei, es geht vorbei, es geht vorbei« – was zur Milderung oder Auflösung der Schmerzen führte.

Coué vermittelte vielen seinen Glauben an die Macht selbstsuggestiver Sätze, welche über die Einbildungskraft, die »Fähigkeit, sich etwas glauben zu machen«, Wirkung entfalten. »Wenn ich von etwas so spreche, als ob es schon sei, dann führt das zu seiner Verwirklichung.« Dies wird zur Leitidee mehrerer selbstsuggestiver Methoden für den Wachzustand, die im 20. Jahrhundert auftauchen, wie Suggestopädie, positives Denken und Autogenes Training.

Methoden dieser Art haben oft eine wohltuende, harmonisierende Wirkung und helfen, Vorsätze und Ziele zu realisieren. Sie sind bei manchen Störungsbildern, wie Spannungsschmerz, Schlafstörungen, funktionellen Herzbeschwerden und bei Streßreaktionen bewährte, nebenwirkungsfreie Möglichkeiten der Selbsthilfe. Es fehlt ihnen aber das oben erwähnte »Dritte«. Die Einbildungskraft des einzelnen hat nicht die Dimension und die Möglichkeiten des Unbewußten und der Begegnung mit ihm.

Freud: Hypnose und Psychoanalyse

Das Unbewußte zu erfassen bemühte sich schon seit einiger Zeit ein junger Wiener Psychiater. Sigmund Freud (1856–1939) hatte das grundlegende Buch von Bernheim über die Hypnose ins Deutsche übersetzt und davor bei Charcot einige Hypnosekenntnisse erworben. Sein Freund Josef Breuer hatte bereits 1880 Hypnose bei einer hysterischen Patientin (»Anna O.«) angewandt und Freud von diesem Fall berichtet. Er schilderte ihm, wie sich seine Patientin in der Hypnose heftigen »Gemütserregungen« hingab. Auch in ihren Worten trat etwas zutage, das ihrem bewußten Denken entschwunden oder verschlossen war. Über mehrere dramatische Gefühlsentladungen sei es allmählich zur Beruhigung der Patientin und zur Auflösung ihrer Symptomatik gekommen. Diese Beobachtungen faszinierten Freud und waren grundlegend für die Entwicklung der Psychoanalyse.

Im Unterschied zu Coué und den Suggestionisten, die einen vom Bewußtsein ins Unterbewußtsein wirkenden Vorgang annahmen, dachte Freud daran, unbewußten Erlebnissen die Möglichkeit zu verschaffen, hochzukommen, um in der Regie des rationalen Denkens mit anderen Inhalten verknüpft zu werden. Seine Bedingung dafür war allerdings, daß das in Hypnose erinnerte Material der historischen Wahrheit entsprechen müsse. Freud erlebte es als herben Rückschlag für sein Vorhaben, als er feststellte, daß die Patientinnen in Hypnose keinesweg nur tatsächliche, sondern auch fabulierte und suggerierte Begebenheiten »erinnerten«.

Hypnose und »objektive« Wahrheit

Hypnose ist also keine Methode, um zuverlässig historische Fakten aufzudecken. Erlebnisse werden immer in subjektiver Weise erinnert und gestaltet, auch im Zustand der Trance. Sie sind in den Erinnerungen zwar enthalten, unterliegen aber Veränderungen durch Vergessens- und Umformungsprozesse, in denen sich die aktuellen Bedürfnisse der Person manifestieren.

Das Erfassen einer faktischen Wahrheit, von der er träumte, sah Freud auch durch die Suggestion gefährdet. Er sprach von ihrem »Einfluß ohne ausreichende logische Grundlage«, und damit konnte er nichts anfangen. Auch aus anderen Gründen, über die später spekuliert und geschrieben wurde, entschied sich Freud, auf die Hypnose zu verzichten, und wandte sich den langsameren und für den Therapeuten sichereren Techniken der Traumarbeit und der »freien Assoziation« zu.

Psychoanalytiker sagen, daß sie keine Hypnose einsetzen. Sie meinen damit, daß sie keine Suggestionen geben und keinen Trancezustand erzeugen. Wenn aber derjenige, der analysiert wird, entspannt auf der Couch liegt und die Anweisung bekommt, die Aufmerksamkeit auf seine gedanklichen und bildhaften Assoziationen zu richten und ihnen freien Lauf zu lassen – in welchen Zustand gelangt er wohl? Er driftet in eine Trance, deren Vertiefung aber schnell durch direkte Fragen und intellektuelle Kommentare gestört werden kann.

Es waren mehrere Faktoren, die zu Freuds Umorientierung beitrugen. In jedem Fall aber zählte dazu die Tatsache, daß er mit seinem begrenzten Hypnoserepertoire nicht den Erfolg hatte, den er sich erwartete. Er sah sich selbst als einen eher schlechten Hypnotiseur, dem es nicht gelang, mehr als nur einen Bruchteil seiner Patienten zu hypnotisieren. Damit umzugehen bereitete ihm mindestens so viel Schwierigkeiten wie eine Situation, in der ihm eine Patientin nach der Rückkehr aus einer Trance »die Arme um den Hals legte«. Die durch die Hypnose ausgelösten Gefühle und heftigen Übertragungsreaktionen erschreckten ihn.

Freud begründete seinen Verzicht auf die Hypnose mit Argumenten, die heute als unzutreffend oder irrelevant gelten. Da sie aber mehreren Generationen von Analytikern gelehrt wurden, erwiesen sie sich auf Jahrzehnte hinaus als eine belastende Hypothek. Die Möglichkeiten der Hypnosetherapie wurden in der ersten Hälfte des 20. Jahrhunderts in dem Maße eingeschränkt, wie sich die Freudsche Psychoanalyse ausbreitete.

Freud selbst bekundete recht bald schon wieder Interesse an der Hypnose. Die Kriegspsychosen und Traumatosen des ersten Weltkriegs stellten die Psychiatrie vor Aufgaben, bei denen die analytische Methode versagte. Und so fand Freud 1919, daß die Psychoanalyse wieder mit der Hypnose verbunden werden müßte. Er beauftragte Sándor Ferenczi und Otto Rank, die Möglichkeiten dafür zu erkunden. Diese schrieben 1924: »Allerdings muß man mit Freud gestehen, daß die Hypnose ihre unleugbaren Erfolge eben der glatten Ausschaltung der intellektuellen Widerstände verdankt. Gelänge es, diesen unschätzbaren Vorteil der hypnotischen Technik mit der analytischen Lösung der Affektsituation zu verknüpfen, so wäre ein ungeheurer Fortschritt unseres therapeutischen Könnens erreicht«. Sie forderten die Vereinfachung der analytischen Technik durch die Einbeziehung der Hypnose, denn die Technik der Psychoanalyse ziele schließlich auf etwas, das in der Hypnose ständig praktiziert würde: die Ersetzung des Intellektualisierens durch das gefühlshafte Erleben.

Zur Wiedervereinigung von Hypnose und Psychoanalyse kam es aber nicht. Vereinzelte Versuche dazu, wie die *Hypnoanalyse* von Erika Fromm, fristeten ein nur wenig anerkanntes Nischendasein. Bald tauchten in der psychoanalytischen Bewegung von Freud abweichende Lehren auf. C. G. Jung erweiterte den Begriff des Unbewußten. Im Unterschied zu Freuds Konzept eines Speichers voll verdrängten Materials sah Jung im Unbewußten eher die Mutter des Bewußtseins, den »Seelengrund«. Er ergänzte das persönliche Unbewußte um das kollektive Unbewußte. Jenes beinhalte die sogenannten Archetypen als überindividuelle Erfahrungen, die jedem Menschen eingeboren seien.

Janet: Erinnern und Bearbeiten des Mißbrauchs

Etwa zur gleichen Zeit wie Freud arbeitete der französische Philosophiedozent und Arzt Pierre Janet (1859–1947) bei Charcot in Paris und bei Bernheim in Nancy. Er wurde der Nachfolger Charcots an der Salpetrière-Klinik. In seinen eigenen Forschungen widmete er sich dem Phänomen der Dissoziation und konzentrierte sich auf Menschen, die bedrohliche Erlebnisse und

Mißbrauchssituationen aus ihrer Erinnerung ausgeklammert hatten. Zumeist waren es Frauen, die über ihre traumatischen Erlebnisse nicht sprechen konnten. Viele waren sich ihrer Traumatisierung zwar unterschwellig gewahr, vermieden aber jede Auseinandersetzung mit dem Thema. Die Abspaltung der Erlebnisse aus dem Bewußtsein ließ sich nicht durchgängig aufrechterhalten. Wenn irgend etwas an sie erinnerte, gerieten diese Personen in Angstzustände. Die Konzentration auf die Angst half ihnen dann, die traumatische Erinnerung auf Abstand zu halten und ihrer Bewußtwerdung zu entfliehen.

Eine solche *Dissoziation* und das Nicht-Erinnern hatten den Betroffenen einmal dabei geholfen, das überwältigende Ereignis zu überstehen. Später jedoch verhinderte dieser Schutzmechanismus, daß die Patienten es lernten, auf eine andere Weise mit ihren schmerzhaften Erinnerungen und mit den Situationen oder Menschen, die sie auslösten, umzugehen.

Denn kaum erinnerte eine Situation an das Geschehen von damals, schon dissoziierten die Betroffenen aufs neue. Sobald ein bestimmter Aspekt der Traumasituation auftauchte, gingen sie in einen veränderten Bewußtseinszustand, redeten Unsinn und entwickelten Zustände und Verhaltensweisen, die für sie selber unverständlich waren. Der auslösende Aspekt reaktivierte die ganze komplexe Geschichte, von der sie aber nichts oder nur wenig bewußt erinnerten.

Bei einigen Patienten schien die traumatisierende Situation *vollständig* aus dem Bewußtsein verbannt worden zu sein. Sie hatten keine Worte für das Ereignis, und auch ihre Angst konnten sie weder erfahren noch ausdrücken. Für sie schien das Trauma nie stattgefunden zu haben. Hinweise darauf fanden sich aber in ihrem Verhalten, wenn die »eine Seite nicht zu wissen schien«, was die »andere tat«. Es sah dann so aus, als würden zwei oder mehrere unterschiedliche Persönlichkeiten abwechselnd die Ich-Rolle übernehmen. Diese Art der Dissoziation und des Nicht-Erinnerns fand Janet stark ausgeprägt bei Patientinnen, für die später der Begriff »multiple Persönlichkeit« geprägt wurde.

Es dauerte noch fast hundert Jahre, bis die Öffentlichkeit der Tatsache ins Auge sah, daß z.B. allein in Deutschland alle sechs Minuten ein Kind mißbraucht wird (nach Angaben der Bundesfamilienministerin). Freud leugnete in der Psychoanalyse den sexuellen Mißbrauch im Kindesalter, wenn er auftauchende Erinnerungen daran als triebgesteuerte Phantasien interpretierte. Pierre Janet hingegen hatte keine Schwierigkeiten, dieses Faktum anzuerkennen. Er besaß ein umfangreicheres Instrumentarium, um die Folgen des Mißbrauchs therapeutisch zu bearbeiten. Er kam dabei zu dem Schluß, daß Erfahrungen, die in so extremer Weise ausgeklammert wurden, nur durch ein Verfahren wie die Hypnose zurückgewonnen und neu organisiert werden könnten.

Trance und Neuorganisation der Vergangenheit

In der therapeutischen Trance wurden die Erinnerungen an das Trauma behutsam reaktiviert. Angst und Vermeidung konnten dabei abgebaut werden. Während Breuer und Freud es beim Wiedererleben der Situation und beim Ausagieren der »eingeklemmten« Affekte beließen, gab Janet den Patienten auch Anleitungen, mit deren Hilfe sie die Situation von damals in ihrem Erleben neu gestalten und für sich abrunden konnten. Mit dieser anderen Vergangenheit ließ es sich dann anders leben, und die Zukunft wurde anders angegangen.

Bei Janet wurde also in Trance die persönliche Erfahrung neu organisiert. Er erkannte dabei, daß die Gestaltbarkeit des Erlebens und der vom Erleben abhängigen Überzeugungen sehr weit geht. Man kann sich auch etwas Abträgliches so intensiv einbilden, daß man es für die einzige Realität hält. Dies muß in einer Therapie sorgfältig beachtet werden, insbesondere dann, wenn Gewalt und unterdrückte Gefühle eine Rolle spielen. Die Übereinstimmung des »Erinnerten« mit biographischen Ereignissen kann hoch, mitunter aber auch gering sein.

Aufschwung nach dem Ersten Weltkrieg

Nach mageren Jahren zu Beginn des 20. Jahrhunderts, in denen die Hypnose zur Sache von »Schaubudenprofessoren« geworden war, kam es durch den Ersten Weltkrieg zu einem neuen Aufschwung der Hypnosetherapie. Viele Kriegsversehrte mit funktionellen Störungen, Lähmungen, hysterischer Blind- und Taubheit, Erinnerungsproblemen und anderen Beschwerden benötigten schnelle und wirksame Hilfe. Die Hypnose wurde sowohl zur Symptombehebung als auch zur aufdeckenden Bearbeitung traumatischer Erlebnisse eingesetzt. Die Erfolge bei Kriegsneurosen verschafften ihr wieder Anerkennung in der Psychiatrie.

Autogenes Training als Selbsthypnose

Eine Medizin, die Erkenntnisse der Hypnoseforschung einbezog, vertrat J. H. Schultz (1884–1970). Er entwickelte für die ärztliche Praxis das *Autogene Training* (AT). In dessen Grundstufe lernt man, sich bestimmte Sätze vorzusagen und sich gleichzeitig vorzustellen, worauf die Sätze abzielen (z.B. »Ich bin ganz ruhig« oder »Der rechte Arm ist ganz warm«). Mit Hilfe dieses Vorgehens können Reaktionen ausgelöst werden, die eine »organismische Umschaltung« kennzeichnen.

Schultz verstand das AT als Selbsthypnose. Der Satz von Coué, daß jede Hypnose im Grunde eine Selbsthypnose sei, trifft sicherlich zu. Auch genügt es in manchen Fällen, sich geeignete Sätze vorzusagen und die angestrebten Wirkungen zu imaginieren, um günstige Effekte zu erzielen. Allerdings wundern sich viele Patienten, die monatelang mit wenig Erfolg autogene Entspannung trainiert haben, wie einfach es ihnen möglich ist, die angestrebten Effekte in zwei, drei Hypnosesitzungen schneller und intensiver zu erzielen.

Die formelhaften Vorsätze des AT bleiben für zu viele Patienten vorgesetzte Formeln. Wie sehr es aber darauf ankommt, eine individuell wirksame Selbstsuggestion zu finden, zeigt das folgende Beispiel einer Frau mit extremen Gewichtsschwankungen, die ich 1976 mit dem Autogenen Training behandelte.

Fallbericht

Beate beklagte, daß sie immer zwanghaft zu essen begann, sobald sich ihr Gewicht normalisiert hatte. Sie aß dann große Portionen und konnte nichts auf dem Teller übrig lassen, obwohl ihr Hunger bereits gestillt war. Dieses Zuvielessen ließ erst wieder nach, wenn Beate deutlich »zugelegt« hatte.

Zunächst lernte Beate, mittels des AT die Empfindungen der Ruhe, der Schwere, der Wärme (auch im Bauchbereich) zu erzeugen und ihren Atem ganz von alleine kommen und gehen zu lassen. Daraufhin begannen wir, eine für sie passende Selbstsuggestion zu entwickeln. Hierbei sind gewisse Regeln zu beachten, z.B. daß die Formulierung keine Negation enthält, sondern positiv das anspricht, was angestrebt wird. Der von Beate früher praktizierte Selbstappell lautete: »Denk nicht immer an den Kühlschrank.« Sie suggerierte sich das in bester Absicht, ohne zu wissen, daß sie damit ihr Problem aufrechterhielt. Der formelhafte Vorsatz, mit dem sie zu Hause trainieren wollte, lautete dann: »Kühlschrank bleibt zu; ich kann gut für mich sorgen.«

In der darauffolgenden Sitzung berichtete Beate: »Also, zuerst habe ich die Grundformeln geübt. Ich muß dann wohl weggedriftet sein. Denn plötzlich war ich wieder ganz da. Ich hatte einen Satz gehört: Eine Stimme sagte völlig klar und ganz selbstverständlich zu mir: »Essen kommt wieder.« Sofort war mir klar: Das ist es! Und nun hab ich mich einfach immer wieder an diesen Satz erinnert. Essen kommt wieder, das Leben geht weiter – und besser als vorher. Da bin ich mir so sicher!«

Für das Autogene Training ist es günstig, wenn der Übende bereits eine gewisse Ruhe mitbringt, die es ihm erlaubt, sich auf die Formelsätze und Vorstellungen, z.B. die Schwere im Arm, zu konzentrieren. Bei einer größeren Anzahl von Patienten ist diese Ruhe und Konzentration nicht gegeben, weshalb sie scheitern, wenn man sie nicht individuell anleitet. Während für die Grundstufe des Autogenen Trainings vergleichsweise wenig hypnotherapeutisches Wissen und auch weniger kommunikative Kompetenz erforderlich ist, benötigen für die Oberstufe des AT Therapeut und Patient mehr Vorerfahrung und ausgeprägtere hypnotische Fähigkeiten. In der Oberstufe, die an Meditationspraktiken erinnert, werden wieder mit viel Übungsaufwand hypnotische Phänomene erzeugt und die »eigene Persönlichkeitsformel« erarbeitet. Diese Effekte lassen sich in einer reinen Hypnosetherapie meist leichter erzielen.

Das Argument von J. H. Schultz, das Autogene Training gebe dem Patienten mehr Autonomie als die Hypnose, ist vor dem Hintergrund seiner Zeit zu verstehen. Damals wurde die Hypnose in einer autoritären Weise praktiziert, denn im Obrigkeitsstaat und für autoritätsgläubige Patienten paßte es, wenn Suggestionen als Befehle formuliert wurden.

Die Menschen hatten von Kindheit auf gelernt zu gehorchen; und wer etwas zu sagen hatte, der hatte es laut und deutlich zu sagen. Er mußte jenen befehlen, die nichts zu sagen hatten. Bei dieser Rollenverteilung versuchten viele Hypnotiseure durch ein autoritäres Auftreten, eine betont väterliche Stimmführung und einen »zwingenden Blick« von vorneherein so zu beeindrucken, daß der Patient seine Zweifel oder andere Widerstände aufgab.

Mit dem gesellschaftlichen Wandel im 20. Jahrhundert begann sich diese Grundeinstellung allmählich zu ändern. In der heute gültigen Sicht ist die Entwicklung und Nutzung von Trance ein *kooperatives* Geschehen. Die inzwischen weiterentwickelte Methodik, auch der Selbsthypnose, betont und fördert die individuellen Eigenheiten und Entwicklungsmöglichkeiten.

Es wird leicht übersehen, daß die beim AT propagierte Unabhängigkeit des Patienten in manchen Fällen auch eine Kehrseite hat: Sie kann seine weitere Vereinzelung begünstigen. Manch einer benutzt das Autogene Training nämlich wie ein Fitness-Programm, um sich als Einzelkämpfer in der Wettbewerbsgesellschaft besser durchsetzen zu können. Dieser Gebrauch fördert die leib-seelische Gesundheit sicherlich nicht. Auch um andere Gefahren auszuschließen, achtete J.H. Schultz darauf, daß sein Autogenes Training nicht nach dem Gießkannenprinzip weitergegeben, sondern mit Psychagogik, einer Form psychologischer Führung, verknüpft wurde.

In der Tradition der Autoritätsgläubigkeit: Showhypnose

Die Entwicklung eines demokratischen Selbstverständnisses, das die Eigeninitiave und Eigenverantwortlichkeit der Person betont, erfolgte nicht in allen Ländern gleichzeitig und in manchen Bevölkerungsschichten erheblich verzögert. So sehen wir auch heute noch, wie z.B. in Rußland Hypnotiseure als »Wunderheiler« die Säle füllen. Ihre Bewunderer fallen gleich reihenweise in die Trance, die man von ihnen erwartet. Dies läßt sich sozialpsychologisch gut als Massenphänomen erklären.

Bei uns würden autoritäre »hypnotische Befehle« inzwischen eher Befremden und Ablehnung auslösen. Es gibt aber immer noch genügend Menschen, die in eine Hypnoseshow gehen, um sich von einem der zahlreichen »Weltmeister der Hypnose« befehlen zu lassen, etwas zu tun, das sie sich selbst nicht erlauben oder zutrauen würden. Diejenigen, die in der Sicherheit der Zuschauermasse verweilen, schauen fasziniert zu und sind erst dann befriedigt, wenn die auf der Bühne letztlich genau das tun, was von ihnen erwartet wird.

Sie vergessen dabei ganz, daß fast jeder von uns ein langjähriges Training absolviert hat, in dem ihm beigebracht wurde zu folgen. Noch weniger ist den Zuschauern in diesen Momenten bewußt, daß sie als abhängige Kinder notgedrungen viele Befehle ihrer Bezugspersonen schleunigst zu Selbstsuggestionen machten. Dies geschah so perfekt, daß sie für diese Tatsache oft eine Amnesie entwickelt haben. Diese Suggestionen existieren aber im Kopf weiter, in dem was ich »zu mir sage« oder »über mich denke«.

Manch einer findet es lustig, seltsam oder beklemmend, was bei solchen Shows passiert. Ihm fehlt da lediglich der Vergleich. Jeder aber, der beim Militär war, weiß recht gut, zu welchen ganz anderen Leistungen und zu welch verrückten Dingen erwachsene Menschen fähig sind und bereit, auf Befehl zu tun – ganz ohne Hypnose.

Hypnoseforschung in Jena

In Mitteldeutschland entstand Ende des 19. Jahrhunderts die Schule von Jena, wo es zu einer engen Verflechtung von Hypnose mit psychiatrischer und neurologischer Therapieforschung kam. Hierbei wurde unter anderem experimentell bestätigt, daß nicht nur die Fixation der Aufmerksamkeit, sondern auch eine gewisse Monotonie in dem, was dem Patienten sichtbar, hörbar, evtl. auch spürbar präsentiert wird, für die Erzeugung eines Trancezustandes wichtig ist. Gleichmäßigkeit oder »Eintönigkeit« der gegebenen Reize (Bilder, Worte, Sprechrhythmus) bewirken eine Beruhigung der Tätigkeit bestimmter Hirnstrukturen. So kann es dann zu einer neuen Funktionsverteilung und zu einem Ausgleich zwischen verschiedenen Bereichen des Gehirns kommen.

Während zum Beispiel tagsüber meist die »sprachliche« Hirnhälfte dominiert und die Möglichkeiten des Gehirns relativ einseitig genutzt werden, wird in der Trance auch die andere Hirnhemisphäre verstärkt tätig. Damit wird die Einseitigkeit aufgehoben, nicht nur in der Auslastung des Gehirns, sondern auch in den Problemlösungsversuchen, die sich dieses Gehirns bedienen. Es kommt zu einer vielseitigeren und flexibleren Nutzung der häufig im Inneren schlummernden Ressourcen des Menschen.

Später ließ sich im Hirnstromwellenbild diese Wirkung von Konzentration und Beruhigung sichtbar nachweisen. Zum Beispiel zeigt sich im EEG bei der Tranceinduktion schon nach kurzer Zeit eine Dominanz der für angenehme Entspannung stehenden Alpha-Wellen (»Alpha-Zustand«). Im vertieften Zustand zeigen sich dann vermehrt Theta-Wellen.

Der Hirnanatom und Hypnoseforscher Oskar Vogt (1870–1959) entwickelte in Jena die sehr effiziente Technik der *fraktionierten Hypnose*, bei der die Trance sozusagen stufenweise induziert und bald darauf wieder teilweise zurückgenommen wird, z.B. durch das Öffnen der Augen. Der Patient berichtet dann, was er auf dieser Strecke seines Weges in seine individuelle Trance erlebt hat. Dies wird für weitere Suggestionen genutzt und fortgeführt, sobald er wieder die Augen schließt. Das Procedere wird ca. fünfmal wiederholt und führt zum immer schnelleren Wiedereintreten und Vertiefen der Trance.

Im Gegensatz zu den meisten Praktikern damals, die ein vom Hypnotiseur abhängiges Reagieren anstrebten und damit eine Reduktion der Patientenpersönlichkeit in Kauf nahmen, betonte Vogt die Autonomie des Patienten und dessen eigene Art, die Trance zu gestalten. Als die Nationalsozialisten die Macht ergriffen, ging Vogt, inzwischen Leiter des berühmten »Kaiser Wilhelm Instituts für Hirnforschung« in Berlin, seiner Stellung verlustig. Mit ihm verloren auch andere in der Hypnoseforschung engagierte Wissenschaftler ihre Wirkungsmöglichkeiten, oder sie mußten emigrieren. Die Zeit des Nationalsozialismus war auch für die Hypnosetherapie in Deutschland und Österreich eine Katastrophe.

Hanussen: Scharlatanerie unter dem Deckmantel der Hypnose

Auf das Thema »Wunderheiler« gehe ich öfters und unter verschiedenen Aspekten ein. Hier nun will ich eine Gestalt dieser Szene erwähnen, welche die Phantasie der Menschen in Deutschland nach dem Ersten Weltkrieg bewegte: der »Däne« Erik Jan Hanussen, alias Hermann Steinschneider, geboren 1889 in Ottakring bei Wien. Seine Eltern waren Schmierendarsteller und auch er, der Künstler werden wollte, war als Aushilfsschauspieler tätig und landete schließlich beim »Grand Zirkus Oriental«. Hier lernte er seine ersten Fakirtricks. 1912 ging er seine erste von drei Ehen ein und arbeitete zu dieser Zeit als Journalist. Er veröffentlichte einen Fortsetzungsroman über nächtliche Abenteuer in Wiener Vergnügungslokalen. Seine wohlwollenden Besprechungen waren den Lokalbesitzern einiges wert. »Macht, Erfolg, Vermögen und Lust bildeten die Quadriga seines Weltbildes. Hypnose, Suggestion und Hellsehen wählte er als seine Mittel«, schreibt Michael Farin über Hanussens Biographie. Hanussen verstand es, Reaktionen in der Muskulatur, die bei Menschen durch die bloße Vorstellung einer Bewegung unwillkürlich auftreten, richtig zu deuten. So konnte er versteckte Gegenstände aufspüren, allein durch Schlußfolgern aus diesem verräterischen

Zucken bei der befragten Person. Dies verkaufte er den staunenden Zuschauern als Hellseherei.

Hanussen hielt aufklärerische Vorträge und publizierte Bücher, in denen er die Tricks der Mentalmagie offenlegte. Beim Militär ließ er sich von einem Freund, der bei der Feldpost-Überwachungsstelle arbeitete, mit Informationen versorgen, um sich, mit ihnen ausgestattet, wieder als Hellseher zu produzieren. Im »Wiener Konzerthaus« rief sein Kabinettstück »Telepathische Post« Beifallsstürme hervor.

Der Selbstdarsteller beherrschte sein sensationsgieriges Publikum und schrieb darüber: »Was ist Magie? Die Menschen in dem geliebten Glauben an das Wunderbare nicht zu stören, sondern zu bestärken. Ich zeige ihnen, daß man mit Wille, Mut, Energie und Impertinenz zweitausend Leute, die im Saal sitzen, in die Tasche stecken kann.« Dabei halfen ihm sein gut trainiertes Gedächtnis und seine Menschenkenntnis, die auf genauem Beobachten beruhte. Auch die Polizei war von ihm beeindruckt und zog ihn zur Klärung von Straftaten heran – mit mäßigem Erfolg. 1920 drehte man den ersten Film mit ihm, Titel: »Hypnose«. Hanussen war schließlich so von sich überzeugt, daß er keine Grenzen mehr achtete. Bei einer Bühnenhypnose suggerierte er einem Studenten, er sei ein Hund, ließ ihn auf der Bühne kriechen und bellen. Einer Frau befahl er, als Katze zu miauen. Das Publikum kreischte.

Als Folge von derlei Auftritten verbot man »all jene Vorstellungen, in denen eine Persönlichkeit einer zweiten gegen deren Willen Aufträge erteilt«. Hanussen wußte das Verbot zu umgehen. Unter dem Decknamen »Wachsuggestion« war er mit dieser Pseudo-Hypnose auf seinen Tourneen weiter erfolgreich. Nicht immer gelang alles. Als er sich als »der Mann, den kein Mensch vom Boden heben kann« produzierte, flog der Trick auf: Ein Schwergewichtler hob ihn samt der Bühnenplanken hoch, an denen Hanussen befestigt war.

Er diente sich immer wieder als Hellseher, auch in politischen Dingen, an. 1932 »prophezeite« das fördernde SA-Mitglied Hanussen: »Um Hitler wird Deutschland nicht herumkommen!«

Am 8. Februar 1933 erschien die 40. Ausgabe seiner »Hanussen-Zeitung« mit einem Bild Hitlers, zwei Kanonenrohren und der Schlagzeile »Sieg!«. In einem offenen Brief an Hitler schrieb er: »Ich sah Ihr Kommen und habe es denen wahrheitsgemäß verkündet, die an meine Berufung glauben.«

Charaktere wie Hanussen vermochten es auch in den Jahrzehnten nach dem letzten Krieg immer wieder, ein zahlendes Publikum zu beeindrucken.

Eine Nische für die wissenschaftliche Hypnose

In dieser Zeit hatte die Hypnose nicht nur in Deutschland und in den anderen europäischen Ländern zunächst einen schweren Stand. In den USA war es in den dreißiger und vierziger Jahren opportun gewesen, sich von allem, was nach Manipulation roch und mit den Methoden der Nazis in Verbindung gebracht werden konnte, öffentlich zu distanzieren. Um so mehr Einfluß gewannen einsichtsorientierte Methoden wie die Psychoanalyse und die klientenzentrierte Psychotherapie nach Rogers, die versprachen, durch mehr Bewußtheit und persönliche Stimmigkeit für bessere Verhältnisse zu sorgen. So kam es dazu, daß die Hypnose nur in einigen wenigen Nischen überdauerte.

Einer dieser wenigen Orte war das psychologische Institut der Universität von Wisconsin, an dem Clark L. Hull lehrte. Er selbst beschäftigte sich mehr mit Lernexperimenten und verhaltenstheoretischen Studien und schuf so einige der Grundlagen der Verhaltenstherapie. Hull hatte aber einen wißbegierigen Studenten, der sich dem Tabu-Thema Hypnose mit Hingabe widmete.

Dieser junge Mann war nämlich mit 17 Jahren an Kinderlähmung erkrankt. Diese verlief so bedrohlich, daß eines Abends drei Ärzte seiner Mutter eröffneten, ihr Sohn würde den nächsten Morgen nicht mehr erleben. Aus dem angrenzenden Raum hörte es der Junge, und er schwor sich: »Kein Doktor auf der ganzen Welt sollte einer Mutter sagen, daß ihr Sohn sterben müsse!« und beschloß zu überleben. Er ließ daraufhin einen Spiegel so stellen, daß er in ihm den Sonnenuntergang sehen konnte, und verlor dann das Bewußtsein.

Als er nach drei Tagen wieder zu sich kam, war der junge Mann völlig gelähmt; nur seine Augen konnte er ein wenig bewegen und mit großer Mühe etwas sagen. Er verbrachte viel Zeit allein; seine Eltern mußten ihre Farm bewirtschaften. Und so saß er wieder einmal, festgeschnallt im Schaukelstuhl, allein im Zimmer, und hätte doch so gerne etwas mehr sehen, über die Fensterkante hinweg einen Blick in den Hof werfen wollen. Aber das ging ja nicht. Doch er wünschte es sich so sehr und stellte sich vor, wie der Schaukelstuhl dazu ins Wippen kommen müßte. Er stellte sich das ganz lebendig vor und setzte seinen gesamten psychischen Apparat dafür ein. – Und tatsächlich geschah, was eigentlich unmöglich war: Der Stuhl fing an zu schaukeln; ein total gelähmter Mensch hatte ihn in Bewegung versetzt.

Der junge Mann lernte dann wieder seine Muskulatur über die Nerven zu erreichen. Er ging im Geiste alle Bewegungen durch und versuchte sie wieder zu empfinden, um sie aufs neue zu erlernen. Er lernte dann wieder zu gehen, indem er sich an die Bewegungen seiner Kindheit erinnerte und dabei die Muskelkoordination trainierte. Dabei half es ihm, daß seine kleine Schwester gerade zu laufen begann und er sie intensiv dabei beobachten konnte.

Er hatte für sich entdeckt, wie Gedanken und Vorstellungsbilder Wirkungen auf den Körper ausüben. Sie führen zu minimalen Muskelreaktionen und zu ideomotorischen, von alleine erfolgenden Bewegungen. Diese baute er dann weiter aus. Bereits nach elf Monaten war er in der Lage, an Krücken zu gehen. Er entschied sich, Medizin und Psychologie zu studieren und schrieb sich an der Universität von Wisconsin ein. Dieser junge Mann hieß Milton Erickson. Wer ihm begegnete, mußte damit rechnen, umgehend als Versuchsperson zu einem Hypnose-Experiment hinzugezogen zu werden.

An seinen ersten Arbeitsstellen in staatlichen Nervenkliniken führte Erickson dann viele klinische Einzelfallstudien durch. Zu jener Zeit standen noch keine Psychopharmaka zur Verfügung. Um mit Patienten therapeutisch arbeiten zu können, befand Erickson die Hypnose für besonders geeignet. Sie bildete für ihn die methodische Grundlage, war aber keineswegs sein einziges

Werkzeug. Aus seinen Experimenten und auf der immer breiter werdenden Basis seiner therapeutischen Erfahrungen zog er Schlußfolgerungen, die es ihm ermöglichten, einen *hypnotherapeutischen* Ansatz der Psychotherapie zu entwickeln.

Milton Erickson erneuert die Hypnose

Milton H. Erickson (1901–1980) ist der vielleicht bedeutendste Vertreter der Hypnotherapie. Mit seinen Konzepten über die Natur des Unbewußten, des Trance-Verhaltens und der therapeutischen Beziehung unterschied er sich radikal von den in der ersten Hälfte des 20. Jahrhunderts gängigen Lehrmeinungen. Aufgrund seiner intensiven Erfahrungen mit den eigenen unbewußten Lern- und Heilungsmöglichkeiten und durch seine umfangreiche Lehr- und Therapietätigkeit galt er als Autorität in Fragen, die das psychologische Verständnis und die Anwendung der Hypnose betreffen.

Erickson gründete die Amerikanische Gesellschaft für Klinische Hypnose und war zwischen 1958 und 1968 der Herausgeber des führenden »American Journal of Clinical Hypnosis«.

Ende der siebziger Jahre machten Kommunikationswissenschaftler wie Paul Watzlawick und Jay Haley mit ihren Büchern die Psychotherapie Milton Ericksons auch im deutschen Sprachraum bekannt. Erickson-Schüler brachten dessen innovativen Ansatz in ihren Weiterbildungsseminaren interessierten Psychologen und Ärzten nahe. Diese Fachleute waren verblüfft, wie effektiv und psychologisch fundiert Hypnotherapeuten gerade auch mit jenen Patienten arbeiteten, die für die gängigen Psychotherapiemethoden als schwierig oder gar »therapieresistent« galten. Es entstand eine Integrationsbewegung, von der auch die Vertreter der traditionellen Hypnose profitierten. Denn der ganze Hypnosebereich erfuhr eine Neubewertung und zunehmend auch das Interesse von solchen Personen, die sich früher überwiegend skeptisch geäußert hatten.

Die von Erickson entwickelten Hypnosetechniken sind sehr vielfältig und lassen sich der Person und der Situation des Patienten flexibel anpassen. Aufgrund der herausragenden Bedeutung dieses Therapeuten und Forschers will ich im folgenden Kapitel noch näher auf ihn eingehen.

Ärztliche Hypnose in Deutschland

Bald nach dem Zweiten Weltkrieg war in Deutschland von einigen Ärzten versucht worden, die Hypnose neu zu beleben und technisch zu erweitern. Ernst Kretschmer entwickelte auf der Grundlage des Autogenen Trainings die *gestufte Aktivhypnose*. Mit dem sogenannten Bildstreifendenken, einem Assoziieren in Bildern, besitzt sie eine Brücke zur psychoanalytischen Methode, und über die Fixierung kann in eine hypnotische Trance übergeleitet werden. Gerhard Klumbies entwickelte die sogenannte *Ablationshypnose*. Mit Ablation ist die Ablösung vom Therapeuten gemeint. Dieser spricht lediglich eine Einleitung und seine Suggestionen auf ein Tonband, das sich der Patient zu Hause anhört. Dietrich Langen bemühte sich als Universitätslehrer und durch sein Lehrbuch »Kompendium der Medizinischen Hypnose«, die Hypnose als seriöse und wirksame Therapieform im Gespräch zu halten.

Experimentelle Hypnose

Neben der klinischen Hypnose bzw. Hypnosetherapie entwickelte sich um die Mitte des 20. Jahrhunderts auch die experimentelle Hypnose. Einige ihrer profiliertesten Vertreter forschten an der kalifornischen Stanford University und überprüften die wesentlichen Konzepte der Hypnose. Stellvertretend sei der Psychologe Ernest Hilgard genannt. Seine Untersuchungen bestätigen, daß Menschen, die leicht in eine hypnotische Trance gehen, eine relativ große Flexibilität und innere Unabhängigkeit besitzen. Sie haben Phantasie und Freude an musischen Dingen, lieben die Natur und sind eher risikobereit. Sie sind sich sicher, die Realitätskontrolle zu behalten. Deshalb können sie sich inneren Erlebnisprozessen hingeben und das übliche Bewußtsein zeitweilig in den Hintergrund treten lassen.

Zusammenfassung: Die zwei großen historischen Entwicklungslinien

Abschließend will ich noch einmal deutlich machen, daß in der Entwicklung der Hypnose zwei übergreifende Richtungen zu beobachten sind. Die eine betrifft die Qualität der wirksamen Kräfte, und hier ging die Entwicklungslinie von übernatürlicher Verursachung hin zu psychischen Faktoren. Galten in der Frühzeit die hypnotischen Heilwirkungen als Ausdruck göttlicher oder dämonischer Kräfte, so wurden sie in der Zeit des Magnetismus schon auf natürliche Ursachen zurückgeführt, die physikalisch gedeutet wurden. Die Einsicht, daß es sich letztlich um psychische Qualitäten handelt, begann sich erst vor hundert Jahren durchzusetzen. Inzwischen ist die wissenschaftliche Entwicklung so weit fortgeschritten, daß es keinen Zweifel mehr daran gibt, daß Hypnose eine Sache des Wahrnehmens, des Denkens, Imaginierens und Fühlens ist. All dies ist gekoppelt an die physiologischen Funktionen des Körpers und hat daher Auswirkungen auf ihn.

Die zweite Bewegung, die mit der Entdämonisierung und der Psychologisierung einherging, war eine Innenwendung. Schamanismus und Magnetismus sahen die verursachende Kraft als außerhalb der Person lokalisiert und damit ihrer Kontrolle entzogen. Wenn aber diese entscheidende Kraft nicht in der Person, sondern außerhalb von ihr gesehen wurde, bedeutete das automatisch eine Abhängigkeit von äußeren Instanzen.

Showhypnose und die Furcht vor Abhängigkeit

Die Außenorientierung, welche die archaischen Hypnoseformen und den Magnetismus kennzeichneten, wird von einigen Praktikern auch im 20. Jahrhundert immer noch aufrechterhalten. Bühnenhypnotiseure zum Beispiel verwenden diese Sichtweise, obwohl sie die tatsächlichen Gegebenheiten grob verzerrt, für Unterhaltungszwecke, zur Weckung und Befriedigung von Machtgelüsten und Voyeurismus.

Bei entsprechend naiven Menschen kann ein Scharlatan eine Fixierung auf seine Person und eine zeitweilige psychologische Abhängigkeit erzeugen und für seine Zwecke nutzen. Es sind einfach erklärbare psychologische Mechanismen am Werk, wenn ein Show-Hypnotiseur die Denkweisen und Reaktionsbereitschaften seines Publikums manipuliert. Werbung und Propaganda funktionieren ganz ähnlich und entfalten dabei eine ungeheuere Raffinesse. Manche Menschen fallen auf sie herein und spielen mit, andere nicht.

Der Showhypnotiseur behauptet, er mache Hypnose. Er will damit genau jene Zuschauer ansprechen, die der Hypnose von sich aus jene Macht geben, mit der er dann in der Show arbeitet. Letztlich entscheidet also nicht die Kraft des anderen »draußen«, sondern das, was die Person bereits in sich trägt und mitbringt: ihr Wissen, ihre Denkweisen, ihre Bedürfnisse und die Art, wie sie mit alldem umgeht.

Die zweite Entwicklungsrichtung in der Hypnose war also eine, die von außen nach innen ging: Von metaphysischen oder physikalischen Kräften »draußen« verlagerte sich das Interesse auf den psychologischen Austausch zwischen Therapeut und Patient und dann noch mehr auf die inneren Prozesse des Menschen. Die Erkenntnis der eigenen Leistungen einer Person in Trance machte klar, daß es primär ihre Fähigkeiten und geistigen Funktionen sind, die über den Verlauf und die Wirkung der Hypnose entscheiden. Die Bedeutung des Therapeuten tritt dahinter zurück. Die für eine Problemlösung entscheidenden Kräfte und Wissensinhalte liegen tatsächlich *innerhalb* der Person. In der Therapie werden sie neu organisiert und im Sinne des Patienten genutzt, damit Abhängigkeiten sich lösen und ein stärker selbstbestimmtes Denken und Handeln resultiert.

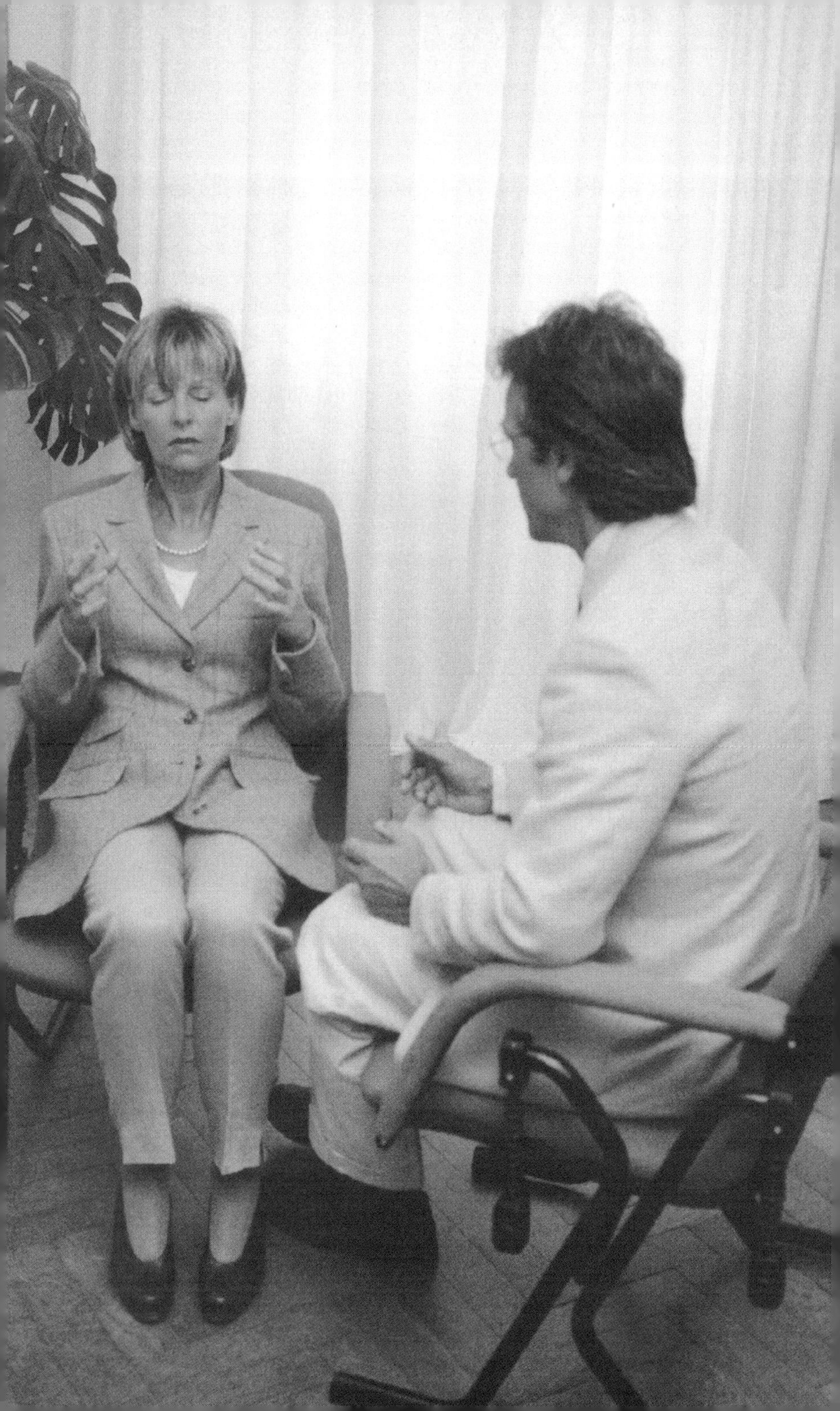

Die moderne Hypnose

Hier finden Sie in kompakter Form das Wesentliche über die moderne Hypnose, ihre Prinzipien und den Einfluß, den Milton Erickson auf ihre Entwicklung hatte. Sie werden in dieser kurzen Charakterisierung der Hypnotherapie einiges von dem wiederfinden, was sich im Laufe der Geschichte der Hypnose bewährt und als richtig herausgestellt hat. Die Prinzipien der Kooperation und der Nutzbarmachung (Utilisation) werden näher erläutert. Und Sie finden eine Antwort auf die Frage, warum man durch das Erzählen einer guten Geschichte das Unbewußte besser zur Mitarbeit bewegt als durch Befehle.

◄ Zur Vertiefung der Trance werden hypnotische Phänomene genutzt, hier in Gestalt nichtwillkürlicher, selbständig erfolgender Bewegungen der Arme.

Orientierung am Individuum

Den wahrscheinlich größten Einfluß auf die Entwicklung der Hypnose im 20. Jahrhundert hatte Milton H. Erickson (1901–1980), Facharzt für Psychiatrie und Professor für klinische Hypnose an der University of Michigan. Deshalb will ich mich hier auf seinen Arbeitsstil konzentrieren, mit dem er die moderne Hypnosetherapie entscheidend geprägt hat.

Die von Erickson entwickelte Sichtweise und Methodik ist konsequent auf die Persönlichkeit des Patienten, auf dessen Ziele und eigenen Möglichkeiten abgestimmt. Dieser Ansatz wird deshalb auch als »zielorientiert« und »ressourcenorientiert« bezeichnet. Er entspricht den Erkenntnissen der neueren Forschung über die Selbstorganisation des Geistes und die selbstregulatorischen Prozesse in Individuen und sozialen Systemen.

Der Junge und das Pferd

Erickson erzählte hierzu in einem seiner Lehrseminare eine Geschichte aus seiner Jugend: Auf die Farm seines Vaters kam ein durchgegangenes Pferd gelaufen und stillte seinen Durst an der Tränke. Erickson setzte sich auf das herrenlose Pferd und machte sich mit ihm auf den Weg. Er ließ das Pferd einfach laufen, dorthin, wo es anscheinend hingehörte. Wenn es stehenblieb, um zu grasen, erinnerte er es daran, daß es weiterging. Schließlich erreichten sie eine Farm, und der Besitzer des Pferdes sagte erfreut: »Da ist er ja, der alte Racker – aber du, Junge, wie wußtest du, daß er hierhergehört?« – worauf Erickson sagte: »Nicht ich, das Pferd wußte den Weg; ich mußte es nur auf dem Weg halten.«

Ericksons ganzheitliche Sichtweise von Therapie berücksichtigte auch die aktuelle Lebensphase der Person und ihre Einbettung im sozialen Umfeld. Das systemische Denken und die davon abgeleitete Familien- und Kurzzeittherapie haben durch Ericksons Arbeit wesentliche Impulse erhalten.

Milton Erickson war davon überzeugt, daß der Patient bereits genügend inneres Wissen und eigene Verhaltensmöglichkeiten als Ressourcen besitzt, um therapeutische Veränderungen durchlaufen zu können und befriedigendere Zustände zu erreichen. Diese Ressourcen werden in der hypnotischen Trance aktiviert, erweitert und zielgerecht organisiert. Er selbst wußte aus vielfältigen Erfahrungen, zu denen auch seine eigene Polioerkrankung, ihre Überwindung und die Beherrschung ihrer Spätfolgen zählte, daß im Bereich des unbewußten Wissens und der autonomen, unbewußt gesteuerten Funktionen ständig sinnvolle Prozesse ablaufen. Sie haben die Erhaltung des Lebens und die Verbesserung seiner Qualität zum Ziel. So wählt eine Person – überwiegend unbewußt – immer diejenige Möglichkeit, die ihr in der gegebenen Situation subjektiv betrachtet die relativ beste Chance gibt.

Das Symptom als Leistung

Diese »Wahl« kann auch darin bestehen, ein problematisches Verhalten, ein einengendes Erleben oder ein psychosomatisches Symptom zu entwickeln – so »unvernünftig« dies einem distanzierten Beobachter und dem eigenen rationalen Denken auch erscheinen mag. Dem Organismus geht es in erster Linie darum, zu überleben und »unter dem Strich« zu gewinnen. Von daher haben Symptome häufig einen Sinn und können daher auch als eigene Hilfsquellen, als Ressourcen betrachtet werden. Andererseits bedeuten sie für das Verhalten eine Einengung, durch die der flexible Umgang mit neuen Situationen und damit das Lernen erschwert wird.

Das Symptom tritt auch in Situationen auf, in denen ein anderes Verhalten günstiger wäre, und so kostet es letztlich mehr, als es dem Patienten nutzt. Ein psychisches oder psychosomatisches Symptom ist eine Ausdrucksweise der Person. Da es im Unbewußten fußt, kann es eine Brücke sein, um mit diesem Wissensbereich in Kontakt zu kommen. Wenn das Symptom gewürdigt wird als eine unbewußte Leistung, die einen Zweck erfüllt, kann man es für die Behandlung nutzbar machen oder *utilisieren*.

Nutzung aller Hilfsquellen

Die konsequente Nutzung von allem, was der Patient mitbringt, bezieht auch scheinbar unwesentliche Aspekte und die Beziehungen ein, die der Patient zu seiner Umwelt hat. Dieses radikal neue Verständnis von Krankheit und Heilung erweitert die therapeutischen Möglichkeiten ganz beträchtlich. Gemeinsam mit der Ziel- und der Ressourcenorientierung, welche ebenfalls die Bedeutung der Person betonen, gehört dieser sogenannte Utilisations-Ansatz zu den Grundpfeilern der modernen Hypnose. Der Begriff Hypnotherapie kennzeichnet eine Psychotherapie, in der diese Prinzipien zur Anwendung kommen.

Zu Ericksons umfangreichem Methodenrepertoire gehörten auch die Verwendung von Humor, Anekdoten und gleichnishaften Geschichten. Da Probleme im engeren Sinne in der Wiederholung starrer Denk- und Handlungsmuster bestehen, legte Erickson Wert auf die Weckung der Kreativität des Patienten.

Kreativer Umgang mit der Wirklichkeit: die Umdeutung (Reframing)

Ein Therapeut kann seinem Patienten nur dann wirklich helfen, wenn er selbst die geistige Haltung und Flexibilität besitzt, die für kreative Lösungen erforderlich ist. Er muß in der Lage sein, seine persönliche Weltsicht nicht für eine allgemeingültige Realität zu halten. »Wie sieht die Welt aus, wenn wir sie nicht anblicken? – Sie sieht gar nicht aus!« Wie hört sie sich an, wie fühlt sie sich an? – Gar nicht; nur der einzelne Mensch kann sich oder etwas anderes anhören oder anfühlen. Und jeder tut das auf seine eigene Weise. Die Wirklichkeit, die der einzelne erlebt, ist immer eine individuell für wahr genommene Wirklichkeit – und dieses Wahr*nehmen* ist ein aktives Mitgestalten, auch wenn uns das nicht so bewußt ist. Es unterliegt verschiedenen Regeln und Begrenzungen, die bei jedem etwas anders aussehen und verschieden gehandhabt werden.

Warum erwähne ich das hier? Weil dieses »Wissen, auf welche Weise wir wissen« grundlegend ist für alle Methoden, mit deren Hilfe starr gewordene Denk- und Verhaltensmuster relativiert und durch gesündere ersetzt werden. Psychotherapie und Hypnose können ihre positive Wirkung, daß also eine Person ihr Problem löst, ihr Symptom aufgibt und interessantere Dinge tut, nur deshalb erzielen, weil die behandelten Probleme in den Köpfen der Patienten beheimatet sind. Diese Probleme haben mit den Ideen über die Welt und einen selbst zu tun, mit für selbstverständlich gehaltenen Vorannahmen und Überzeugungen. Es sind nicht die Dinge selbst, die uns beunruhigen, sondern unsere Meinungen, die wir von den Dingen haben, sagte der griechische Philosoph Epiktet.

Natürlich sind diese Probleme nicht nur intellektueller Art. Die problematischen Ideen und Selbstsuggestionen konnten sich deshalb so tief einnisten und so lange halten, weil sie mit Gefühlen und Bedürfnissen zusammenhängen und mit Handlungen und Situationen verknüpft sind. Sobald sich aber die Grenzen des Denkens und Erlebens verändern, werden neue Erlebnis- und Handlungsräume erschlossen und neue Situationen geschaffen. *Umdeutungen*, die eine alte Sicht durch eine befriedigendere neue ersetzen, wirken sich deshalb auch auf das Fühlen und Verhalten aus. Amerikanische Wissenschaftler prägten hierfür den Begriff »Reframing«, wörtlich »einen neuen Rahmen geben«.

Genauso gibt es beim Problemlösen auch den umgekehrten Weg, über das Handeln, durch Ausprobieren zu einer neuen Überzeugung zu gelangen. Bei der Hypnose werden mit Hilfe des Erlebens und Handelns in der Trance Erfahrungen gemacht, welche die Grenzen überwinden, die durch das bisherige Denken geschaffen und aufrechterhalten wurden. Die therapeutischen Suggestionen helfen dabei, etwas Neues zu denken und einmal anders zu handeln als in der gewohnten Weise, die das Problem aufrechterhalten hat.

Wie ein neuer Sinn schon lediglich durch die Veränderung des Umfangs Ihres Betrachtungsrahmens entsteht, das sehen Sie in der Abbildung auf Seite 108. Wenn wir anfangen, nach der

Bedeutung solcher Bilder zu suchen, interpretieren wir in der Regel die einzelnen Elemente als *Figuren*. Sie sehen dann vielleicht einen Hut, der auf der Krempe steht, einen Pfeil, einen Wasserhahn, einen stilisierten Indianerkopf oder ähnliches. Eine Beziehung zwischen diesen Elementen ist kaum herzustellen.

Wie so oft erkennen wir »vor lauter Bäumen den Wald nicht mehr«.

- Das Ganze ändert sich schlagartig, sobald Sie nichts weiter tun, als den Rahmen zu verändern, in diesem Fall enger einzugrenzen. Dazu genügt es, zwei Linien zu ziehen – in Gedanken, mit einem Stift oder durch das Anlegen von zwei Blattkanten. Die eine geht von »der Hutkrempe« bis zur »Indianerfeder« und die andere parallel dazu vom anderen Krempenrand aus. Und schon hat sich Ihre gesamte Wahrnehmung umstrukturiert und es zeigt sich ein völlig anderer Sinn, mühelos und ganz von selbst.

- Das Gefühl, das ein solches »Aha-Erlebnis« begleitet, verstärkt dessen Einprägung. Selbst wenn Sie die Lösung zwischenzeitlich vergessen, so wissen Sie sich doch zu helfen, wenn Sie wieder vor dieser Aufgabe stehen. Sie werden in einer vergleichbaren Situation nie mehr die Eingeschränktheit von früher erleiden; denn Sie haben gelernt, daß eine Lösung darin bestehen kann, den Bezugsrahmen zu verändern, statt einzelne Teile zu interpretieren.

- Wenn sich Probleme auflösen und eine neue Sichtweise die Möglichkeit, etwas anders zu machen, in greifbare Nähe rückt, hat das immer mit einer Umdeutung (*Reframing*) zu tun und dem dadurch ausgelösten Wechsel des Denkrahmens.

Milton Erickson benutzte einmal bei einem Patienten, der in sein Bettlaken gehüllt auf der Psychiatrie-Station herumstand und sich für Jesus hielt, genau diesen Wahn, um den Mann sinnvoller zu beschäftigen. Denn als »Jesus von Nazareth« war er der Pflegesohn von Joseph dem Zimmermann und mußte also etwas vom Tischlern verstehen; und als Messias und Erlöser mußte er bereit sein, den Menschen zu helfen. Durch diese neue (Be-)Deutung des Symptoms fand sich ein Weg, den Patienten positiv in die Verantwortung für sein problematisches Verhalten zu nehmen, was seiner Gesundung sehr zugute kam. Nachdem er sich dazu hatte bewegen lassen, seinen Mitpatienten in der Arbeitstherapie beim Zimmern von Regalen zu helfen, sprach er auch auf andere therapeutische Angebote an und konnte schließlich als geheilt entlassen werden. Durch das Reframing werden also sogar *Symptome zu Hilfsquellen* für die Therapie.

Hypnotherapie ist weiter als Hypnose

Ich erzähle Ihnen diese Geschichte einer Nutzung und Umdeutung des Symptoms auch als ein Beispiel dafür, wie Hypnotherapie in erster Linie in der Anwendung hypnotischer *Prinzipien* besteht. Im umfangreichen Methodenrepertoire eines gut ausgebildeten Hypnotherapeuten hat die Induktion von Trance zwar einen sehr hohen Stellenwert. Er ist aber keineswegs auf sie allein angewiesen und kann in der jeweiligen Situation flexibel entscheiden, was gerade am besten zu tun ist.

Genausowenig wie der Therapeut einem Zwang unterliegt, rituell Trancen zu induzieren, braucht auch der Patient nicht jedesmal in Trance zu gehen. Bei einigen Hypnose-Praktizierenden aber, die keine wirkliche Ausbildung als Psychotherapeuten vorweisen können, besteht in dieser Richtung ein großer Erwartungsdruck. Manche von ihnen sind darauf angewiesen, ihren Patienten mit Hypnose zu imponieren.

> **Kennen Sie die Geschichte vom Hammer?**
>
> Ein Hammer ist ein prima Werkzeug. Man kann ihn zu vielerlei Nützlichem gebrauchen. Und wenn man ihn gut in der Hand hat, macht die Arbeit mit ihm Spaß. Dumm sind nur jene dran, die in ihrem Werkzeugkasten nichts außer einem Hammer haben. Bei ihnen wird alles irgendwie behämmert.

In der modernen Hypnose richtet sich ~~die~~ der Therapeut am Patienten aus. Er arbeitet mit ihm zusammen; er handelt nicht an ihm vorbei oder über ihn hinweg. Bei einer autoritären Vorgehensweise wird der Patient auf das Format zurechtgestutzt, das vom Hypnotiseur und seinem Hypnoseverständnis bestimmt wird. Kein Wunder, daß Menschen, die selber Format besitzen, sich nicht in ein solches Hypnoseschema pressen lassen. Wenn der Hypnotiseur für sie nicht geeignet war, kann das bedeuten, daß sie sich viel besser für eine wirkliche, therapeutische Hypnose eignen.

Indirekte Formen der Suggestion

Eine weitere Aufgabe, bei der jeder Hypnotherapeut seine eigene Kreativität schulen kann, besteht darin, seine Informationen und Anregungen für den Patienten so zu formulieren, daß sie diesen ansprechen und nicht, umgekehrt, Widerstand erzeugen. Wenn ich jemandem eine Sache beschreibe, und das möglichst noch in seiner Sprache, tut er sich leichter, etwas damit anzufangen. Anders, als wenn ich ihm eine Sache vorschreibe, mische ich mich nicht ständig in seinen inneren Lernprozeß ein. Er braucht sich um mich nicht zu kümmern und kann sich um so mehr auf das konzentrieren, was der Inhalt der Suggestion und seines Erlebens ist.

Ich beeinflusse natürlich seine Aufmerksamkeit, wenn ich ihm etwas schildere, berichte oder erzähle; aber es bleibt alles zu seiner freien Verwendung. Der Patient kann das für ihn Passende wählen und dann auf seine Weise für sich umsetzen. Dies ist eine ganz natürliche und die häufigste Form, in der zwischen Menschen Informationen ausgetauscht werden. Auf diese nichtbindende, frei fließende Art wird weitaus mehr Information weitergegeben als durch Befehle und Direktiven.

Gerade für die Entwicklung und Nutzung der Trance ist es wichtig, die Aufmerksamkeit auf sinnlich-konkrete Informationen zu richten, z.B. auf Empfindungen, spürbare Unterschiede, Veränderungen im Fühlbild, im Klangbild, usw. Um sich den Sinnesempfindungen in Ruhe widmen zu können, muß der Patient die Tatsache, daß da eine Person von außen zu ihm redet, allmählich in den Hintergrund treten lassen. Und dies wird ihm erheblich erleichtert, wenn der Therapeut in einer mehr *be*schreibenden statt *vor*schreibenden Weise spricht und insofern *indirekt* kommuniziert.

Ericksons intensives Studium des Wesens der indirekten Suggestion führte zu einem Quantensprung bei den hypnotischen Sprachformen. Durch diese werden beim Patienten innere Such- und Lernprozesse ausgelöst in einer Weise, die keinen Widerstand provoziert. Ich kann hier nur eine dieser indirekten Kommunikationsformen – und auch sie nur unvollständig – beschreiben. Es handelt sich dabei um das Schildern von Situationen und Prozessen, die Beispielcharakter haben.

Gleichnishafte Geschichten und Metaphern

Geschichten, Zitate und sprachliche Bilder sind eine sehr wirksame Form der Ideenvermittlung. Jedes Kind hört gerne eine gute Geschichte, ebenso »das Kind im Manne« und in jeder Frau. Mit einer Anekdote, die den Zuhörer fesselt, kann man ihn erreichen – selbst wenn er »mit Therapie nichts am Hut hat«. Geschichten können in unterschiedlichster Form und in verschiedenen Phasen des therapeutischen Prozesses eingesetzt werden und dabei mehrere Funktionen erfüllen.

Zum Beispiel kann ich mit der Schilderung meiner eigenen Zweifel, die ich anfangs in bezug auf Hypnose hatte, durch meine eigene Geschichte also, dazu beitragen, daß den Vorbehalten des Patienten genug Raum gegeben wird. Bei der Trance-Einleitung kann dann die Empfindung des Ausatmens gekoppelt werden mit dem inneren Bild einer angenehm geschwungenen Treppe, auf der der Patient mit jedem weiteren Ausatmen Schritt für Schritt tiefergehen kann. Auch für das allmähliche Zurückkehren in den Alltagszustand kann dieses Bild genutzt werden, diesmal eben in der umgekehrten Richtung. Mit jedem Atemzug komme ich eine Stufe höher und in die Außenwelt zurück. In der Trance kann eine auf ein wichtiges Thema anspielende Geschichte den Patienten dazu anregen, damit verbundene eigene Inhalte zu assoziieren, weiterzuentwickeln und auf eine neue Weise zu verknüpfen.

- Das Lernen geht leichter, wenn – im Unterschied zum drögen Einpauken des Lehrstoffes – lebendige Sinnbilder und anschauliche Beispiele benutzt werden. Die neuen Kenntnisse bauen dann auf Erfahrungen auf, die bereits vorhanden sind, und erweitern sie auf phantasievolle Art. Erickson gestaltete manchmal eine ganze Therapiesitzung in der Weise, daß er Geschichten erzählte, die in bestimmten Punkten Analogien aufwiesen zu wichtigen Aspekten der Geschichte des Patienten. Dieser identifiziert sich mit der Hauptperson in der Geschichte und will dann wissen, wie die Story weitergeht. Er ist daran interessiert, daß sie – trotz all der realistisch geschilderten Schwierigkeiten – für ihn gut ausgeht. Ins Zuhören versunken, kann der Patient im Trancezustand die Botschaften der Geschichte für sich arbeiten und tiefer wirken lassen. Er bekommt dabei mit, was erforderlich ist und getan werden muß, um ein Happy-End zu erleben.

- Diese Gleichnisse werden nicht einfach hintereinander erzählt. Sie sind fein aufeinander abgestimmt und gestalten ein Netzwerk von Bedeutungen. Wichtige Aspekte der Situation des Patienten, sein Ziel und die manchmal verdeckten, unbewußten Hilfsquellen werden so auf neue Weise zusammengebracht.

Wieso sind gerade anschauliche Geschichten und geistige Bilder auf so einfache, natürliche Weise wirksam? Das Gewebe des Lebendigen ist nicht durch Logik zusammengefügt. Der große Anthropologe Gregory Bateson betonte, daß die Metapher, das erlebnishafte Sinnbild, eine fundamentalere Wirklichkeit ist: »Auf diese Weise wird das ganze Gewebe mentaler Verknüpfungen zusammengehalten. Ganz unten auf dem Grunde des Lebendigseins treffen wir auf die Metapher«.

Auch Tiere »denken« in Erlebnisbildern. Ein Bild sagt mehr als tausend Worte, und es ermöglicht damit eine schnellere Orientierung und ein umfassenderes Verständnis, da es mehrere Sinne gleichzeitig anspricht. Damit prägt sich das Bild schneller und tiefer ein als eine Kette rationaler Argumente, die Sie eins nach dem andern durchdenken müssen. Erinnern Sie sich wieder an die Grundgesetze der Suggestion mit dem Prinzip des dominanten Effektes (siehe »Die unterschätzte Rolle der Suggestion in den Medien«, Seite 15). Bilder und Geschichten haben zudem eine Art »Depotwirkung«. Wir behalten sie besser und sie wirken sogar dann noch, wenn sie bewußt nicht oder nur noch teilweise erinnert werden. Der nichtbewußte Rest gehört dann zu dem Wissenshintergrund, aus dem intuitive Ahnungen und Eingebungen kommen.

Depotwirkung und Überraschung: Intuition

Meine Tochter Julia brachte einmal von der Schule die folgende Textaufgabe einer Mathearbeit mit: »Der Erbonkel gehörte zu jenen Mathematiklehrern, die Freude daran fanden, ihren Mitmenschen die seltsamsten Streiche zu spielen, die aber nie böse gemeint waren. So verwunderte es nicht, daß auch sein Testament etwas eigenartig war. Er bestimmte, daß seine siebzehn gleich wertvollen Goldmünzen, die er in seinem Leben gesammelt hatte, auf folgende Weise verteilt werden sollten: Sein erster Neffe sollte die Hälfte, seine Nichte ein Drittel und sein jüngster Neffe ein Neuntel aller Goldmünzen erhalten. Findest du heraus, wie viele Goldmünzen den drei nach diesem Testament jeweils zustanden?«

Vielleicht probieren Sie kurz einmal, diese Aufgabe zu lösen, wie Sie das in der Schule gelernt haben. Sie können das ganz ordentlich machen, und trotzdem nicht weiterkommen (vielleicht gerade deshalb, weil Sie an einem bisher bewährten Mittel, dem Bruchrechnen, hängen).

»Keiner hat's geschafft – außer mir!« sagte Julia stolz, und dann: »Weißt du noch, Papa, früher hast du mir und der Sophie (ihre

Schwester) vor dem Einschlafen immer aus diesem Geschichtenbuch vorgelesen? Mir ist bei der Aufgabe nämlich eingefallen, daß da eine ganz ähnliche Geschichte war, eine mit *Kamelen*; und da habe ich plötzlich gewußt, wie die Lösung geht«. Dem Vater fällt sie nun auch wieder ein, die *Geschichte von den 19 Kamelen*; und die geht so: Es war einmal ein alter Beduine, der hatte eine Kamelherde von neunzehn Tieren. Als er starb, bestimmte er: »Meine drei Söhne sollen die Herde teilen. Der Älteste bekommt die Hälfte. Mein zweiter Sohn ein Viertel. Der Jüngste muß mit einem Fünftel zufrieden sein.«

Die Söhne zerbrechen sich nun den Kopf: Wie sollen sie das mit neunzehn Kamelen machen? Sie wollen doch keines der Tiere schlachten! Da kommt der Nachbarscheich, ein Freund ihres Vaters, geritten. Sie klagen ihm ihre Not. Der Scheich steigt von seinem Kamel und stellt es zu den 19 Kamelen. »Also, jetzt fangen wir mit der Teilung an«, sagt er: »Der Älteste soll die Hälfte bekommen? Wir haben hier zwanzig Kamele, die Hälfte davon sind zehn. Hier, dein Anteil. Der Zweite bekommt ein Viertel der Herde, das sind fünf Kamele. Führ sie gleich beiseite. Und du, jüngster Sohn, sollst ein Fünftel haben – also vier Kamele. Treib sie weg. So ist es recht. Zehn und fünf und vier – das macht neunzehn Kamele. Eins bleibt übrig. Natürlich, das ist das meinige. Er besteigt sein Kamel und mit einem »Allah beschütze euch!« reitet er davon.

Diese Strategie der minimalen Schritte, durch die Weichenstellungen in Richtung Lösung erfolgen, kennzeichnen das Vorgehen in einer Hypnotherapie.

All das sind Möglichkeiten, eine Person mit ihrer Situation und mit sich selbst zu konfrontieren – auf eine liebevoll-einfühlsame und kreative Weise. Der Widerstand des Patienten, neue Ideen in Erwägung zu ziehen, wird durch diese Art der Ideenvermittlung verringert; denn sie wird nicht als fordernd erlebt, sondern als zwangloser Weg und als ein freies Angebot. Anders als bei direkten Fragen und Aufforderungen muß der Patient auf die Hinweise und Impulse in der Geschichte nicht reagieren, jedenfalls nicht nach außen und gleich in der Situation. Er bekommt einfach Anregungen, die zu neuen Gedanken, zu neuem Erleben und zu Einfällen in Richtung Lösung führen können.

- Metaphern und Geschichten bewirken *beiläufig* innere Suchprozesse in die Richtung des therapeutische Ziels. Auf diesem Weg werden ganz von alleine eigene Ressourcen entdeckt und organisiert. Über die Geschichte und die Entwicklungsschritte ihres Helden, mit dem sich der Hörer zumindest teilweise identifiziert, wird ihm vorgeschlagen, seine Möglichkeiten flexibel zu nutzen, zu erweitern und in sie zu vertrauen.

- Geschichten sind keineswegs einseitige Eingaben des Therapeuten, sondern Elemente eines gegenseitigen Austausches. Tatsächlich erzählt mir jeder Patient eine Geschichte, z.B. eine, in der er regelmäßig die Opferrolle übernimmt. Ich kann die Geschichte nur insofern verstehen, als sie etwas in mir anspricht. Dieses Etwas muß in mir bereits da sein, sonst könnte die Geschichte des Patienten überhaupt nicht ankommen und keine Resonanz auslösen, außer vielleicht Verwunderung. Ich muß also schon einen Sinn für etwas haben, um es zu erkennen. Wir denken in Situationen und verstehen uns über Geschichten. Anekdoten beziehen vorsprachliche Ebenen mit ein und aktivieren Ihre bildhaft arbeitende, rechte Hirnhälfte. Damit können Sie schneller über ein umfangreicheres Wissen verfügen, als wenn Sie nur linear, also einen Schritt nach dem andern denken.

- In Untersuchungen zum Abruf von gespeicherten Gedächtnisinhalten wurde festgestellt, daß im unbewußten Denkprozeß gleichzeitig mehr als 30 bits verarbeitet werden, während im bewußten Denken maximal acht solcher Unterscheidungen möglich sind. Die Potenz des Denkprozesses ist mit abhängig von der Anzahl der möglichen Verknüpfungen dieser Informationen untereinander. Man kann das jeweils ausrechnen und erhält dann den rechnerischen Beleg dafür, daß das intuitive Denken in Bildern und Geschichten ungleich mehr Möglichkeiten bietet.

Das Kooperationsprinzip bestimmt die Beziehung

Der bedeutsamste Unterschied zwischen der modernen und der herkömmlichen Hypnose besteht wohl in der Haltung des Therapeuten. In den letzten zwei Jahrzehnten hat sich das *kooperative Prinzip* in der Hypnosetherapie weitgehend durchgesetzt.

Traditionell arbeitende Hypnotiseure gingen davon aus, sie wüßten, was für den Patienten am besten sei. Sie induzierten eine Trance letztlich zu dem Zweck, das Gehirn des Probanden gefügiger und empfänglicher für Suggestionen zu machen. In der Trance trugen sie dem Patienten dann auf, ihren Suggestionen zu folgen. Von diesen sogenannten positiven Suggestionen kann man nur das eine mit Sicherheit sagen, daß sie dem Weltbild des Hypnotiseurs entsprachen.

Im Unterschied dazu konzentriert sich die moderne Hypnotherapie auf den Dialog mit der einzigartigen Person. Dabei zeigen sich deren Eigenheiten und Erfahrungen, die dann als natürliche Grundlage des Wandels genutzt werden. Der Hypnotherapeut achtet insbesondere darauf, daß er nicht seine Ideen aufdrängt, sondern daß die Änderung sich aus dem Patienten selbst entwickelt. Er fördert dazu den Kontakt des Patienten mit sich selbst, also auch den kreativen Kontakt mit seinem Unbewußten. Hierzu eignet sich die hypnotische Trance, die für die moderne Hypnose wieder mehr in den Vordergrund rückte, nachdem sie durch den Suggestionismus zeitweise vernachlässigt worden war.

Um in einen hypnotischen Rapport (siehe »Rapport und Beziehung«, Seite 50) mit dem Patienten zu gelangen, beobachtet der Therapeut sorgfältig auch die subtilen Äußerungen und die unbewußten körperlichen Signale der Person. Indem er sie in einem gewissen Maß widerspiegelt und dadurch bestätigt, verstärkt er diese Hinweise – und damit gleichzeitig den Kontakt des Patienten mit sich selbst, auch auf der vorbewußten und körperlich-unbewußten Ebene. Neu sich abzeichnende Fähigkeiten und Lernschritte werden vom Hypnotherapeuten systematisch bestätigt und verstärkt; latente Fähigkeiten fordert er durch gewisse Aufgaben heraus, die er dem Patienten stellt. Man könnte sagen: Er bringt seinen Patienten wieder in Kontakt mit den eigenen, notwendigen Potentialen. Und er bringt ihn dazu, etwas zu *tun*, das schließlich zur Lösung führt.

Das Unbewußte als »Drittes im Bunde«

Das Kooperationsprinzip erstreckt sich, das ist sicher klar geworden, auch auf den Kontakt mit dem Unbewußten. Menschen, die sich nur auf ihre bewußten Gedanken verlassen, klammern wesentliche Bereiche ihrer selbst aus, wenn sie die Signale des Unbewußten (z.B. in ihren Träumen, in Versprechern und impulsiven Reaktionen) ignorieren. So kann es schließlich zu emotionalen Störungen und körperlichen Beschwerden kommen. Mit dieser einseitigen Lebensweise berauben sich manche Menschen der Möglichkeit, ihre Existenz befriedigender und harmonischer zu gestalten. Wenn nun das Unbewußte sowieso ständig da ist und wirkt, ist es da nicht sinnvoller und zudem ökonomischer, mit ihm Kontakt aufzunehmen?

Milton Erickson war bis kurz vor seinem Tod mit 79 Jahren beruflich tätig, trotz seiner schmerzhaften Behinderungen seit einem schweren Polio-Rückfall im Alter von 51 Jahren. Als er gefragt wurde, woher er die Kraft für sein außerordentlich kreatives Arbeiten nehme, sagte er: »Ich gehe zu meinem Unbewußten«. Das klingt etwas mystisch, ist aber lediglich eine metaphorische Beschreibung. Wie sonst können wir in Worten ausdrücken, wie einfach es im Grunde ist, mit dem Unbewußten in einen persönlichen Kontakt zu kommen?

- Ich kann das Unbewußte bitten, sich um Dinge zu kümmern, die mir bisher nicht befriedigend gelungen sind. Wenn ich also mein Problem, d.h. einen nicht gelösten Konflikt (zwischen »zwei Seiten in mir« oder zwischen »Kopf und Bauch«) oder das Symptom einmal vor mich »hinstelle«, und an der Problemlösung das Unbewußte teilhaben lasse, bin ich seelisch in einer bedeutend günstigeren Position. Das wirkt sich auf meine ganze Befindlichkeit aus, und es erleichtert mir, Neues zu lernen.

- Die Vorstellung eines wohlgesonnenen Maklers, der für einen fairen Ausgleich zwischen den Seiten Ihres Konflikts sorgt, oder das Bild eines »inneren Weisen« kann in der Trance zu einer lebendigen Erfahrung werden. Es kann auch ein Tier auftauchen oder ein anderes Wesen, das Ihre unbewußten Bedürfnisse und Möglichkeiten kennt und unterstützt. Auch wie die »Stimme des

Herzens« eignet sich für Ihren persönlichen Kontakt mit dem inneren Wissen.

- Natürlich sind solche inneren Gestalten eine Fiktion – genauso wie die anderen, mit denen wir unser Innenleben gestalten. Nur: Welche Ihrer Fiktionen ist besser geeignet, Ihnen aus einer Sackgasse herauszuhelfen – die alte Fiktion oder die neue? Zum Beispiel ist es der Befindlichkeit eines Patienten durchaus zuträglich, wenn er lernt, mit seinen inneren Kräften zu kooperieren, statt sich einzureden, er müsse alles alleine tun.

- Nun aber, in der therapeutischen Begegnung, können Sie interessante und bewegende Erfahrungen machen, die Ihren bisherigen Denkhorizont erweitern. Es können Ihnen Dinge einfallen, die Sie vergessen oder als Hilfsquellen völlig außer acht gelassen hatten. Sie können es sich erlauben, zu lernen wie ein Kind, dürfen Fehler machen, können es lernen, sich und auch anderen zu verzeihen, sind in der Lage, eine Geschichte endlich abzuschließen und hinter sich zu lassen. Sie können deutlich und klar etwas Zukünftiges imaginieren, aus diesem anregenden Erlebnisbild Orientierung beziehen und die Kraft schöpfen, die Ihnen hilft, Ihr Vorhaben tatsächlich zu erreichen – weil Sie im Kontakt mit Ihrem intuitiven Wissen sind, und damit weiter als Sie denken.

- Um diese Art innerer Beziehung zu entwickeln, bietet der Therapeut Hilfestellung. Wenn sich zwischen Therapeut und Patient ein tragfähiger hypnotischer Rapport entwickelt hat, kann diese Idee vom Unbewußten reifen und Früchte tragen.

Diese Wachstumsbedingung ist dann nicht gegeben, wenn man ehrgeizigerweise gleich im »zweiten Stock« in die Hypnose einsteigen möchte. Erst muß sichergestellt sein, daß Sie im Foyer die für Sie richtige Person getroffen haben. Bevor Sie auf die Ebenen Ihres unbewußten Geistes gelangen, sollten Sie mit dem, der Sie dabei begleitet, schon etwas vertrauter geworden sein.

Dann kann sich das Lernen in Trance in natürlicher Weise entfalten. Der Therapeut vermittelt Ihnen vielleicht: »Du weißt mehr als du denkst; und du kannst mehr als du dir in der Sache bisher zugetraut hast. Auch hast du Erfahrungen und Möglichkeiten, die dein Unbewußtes besser kennt und nun für dich arbeiten läßt. Laß uns einiges davon entdecken, intensiv erleben und mit der Situation verbinden, in der dich das weiterbringt. Du kannst lernen, zu erinnern, und du kannst lernen zu vergessen; und kannst vergessen zu lernen, weil du es deinem Unbewußten überlassen kannst, auf *seine* Weise für dich zu arbeiten – auch heute nacht, während du träumst – und du kannst dich schon jetzt darauf freuen. Laß dich ruhig überraschen!«

Hilfestellung durch den Hypnotherapeuten

Hypnose ist eine systematische Verwendung natürlicher Fähigkeiten und der Erfahrungen, die durch das Leben selbst erworben wurden. Die Rolle des Therapeuten beschränkt sich auf die intelligente Führung, während der Patient mit den Phänomenen arbeitet, die unter Hypnose auftreten. Je weniger der Therapeut tut und je vertrauens- und erwartungsvoller er dem Patienten die Initiative überläßt, desto einfacher und effektiver werden hypnotische Zustände und hypnotische Phänomene hervorgerufen – in Übereinstimmung mit den eigenen Möglichkeiten und ungefärbt von Versuchen, dem Therapeuten zu gefallen.

Der Hypnotherapeut stülpt seinem Patienten also keine Standardmethode und keinen generellen Lösungsansatz über, sondern begegnet ihm als dem einzigartigen Individuum, das er ist. Die persönlichen Bedürfnisse und Ziele, die speziellen Fähigkeiten und eigenen Lösungsmöglichkeiten sind hier entscheidende Orientierungsmarken und Ressourcen. Der Therapeut hilft Ihnen, sich zu entwickeln und eine für Sie stimmige Lösung zu finden. Er vertraut in Ihre unbewußten Möglichkeiten und schafft einen Raum, in dem Sie mit Ihren Potentialen in Kontakt kommen können. Sie lernen dann, Ihr Unbewußtes für sich arbeiten zu lassen und eigenständige Lösungen zu finden.

Fragen zur konkreten Hypnosesituation

Sie haben sich nun eingehend mit den Begriffen und der Geschichte der Hypnose befaßt. Dabei haben Sie wesentliche Merkmale der modernen Hypnose kennengelernt. Einiges von dem, was Sie bereits wußten, wurde bestätigt; einiges kam neu hinzu. Vielleicht haben Sie einen Eindruck davon bekommen, wie es wohl wäre, eine geeignete Hypnose zu erleben und hilfreiche Erfahrungen zu machen. Davor stehen aber möglicherweise noch einige Fragen im Raum, auf die ich nun eingehen möchte.

◂ Nach der Trance kehren die Patienten gekräftigt, wie nach einem erquickenden Schlaf, in die Alltagssituation zurück.

Es gibt Fragen, die immer dann auftauchen, wenn das Thema Hypnose im Raum steht. Selbst wenn man auf sie schon mehrfach Antworten bekommen hat, ist es richtig, sie noch einmal zu stellen. Sie sollten sich sicher sein, ein zutreffendes Bild von der Sache zu haben. Sie haben beim Lesen dieses Buches einiges an Wissen hinzugewonnen; die wesentlichen Begriffe und Zusammenhänge der Hypnose dürften ausreichend klar geworden sein. Jetzt wollen Sie sich vielleicht ein ungefähres Bild von der konkreten Anfangssituation bei einem Hypnotherapeuten machen. Deshalb möchte ich nun die häufigsten Fragen, wie sie mir am Telefon oder im Erstgespräch gestellt werden, beantworten.

Was erwartet mich bei einem Hypnotherapeuten? Sie kommen zu dem telefonisch vereinbarten Termin in die Praxis. Es ist in der Regel eine Psychotherapiepraxis mit einer ruhigen Atmosphäre. Sie haben nun eine Stunde Zeit, mit dem Therapeuten genauer zu besprechen, um was es Ihnen im einzelnen geht, was Sie als Ergebnis konkret anstreben. Welche der notwendigen Voraussetzungen Sie bereits mitbringen und was in der Therapie noch zu lernen ist, besprechen Sie ebenfalls gemeinsam. Im erforderlichen Maß und je nach Art des Problems werden diagnostische Fragen abgeklärt, um Risiken auszuschließen und die für Sie geeignetste Vorgehensweise zu bestimmen. Schließlich sollten Sie erfahren, ob und wie Ihnen eine Hypnotherapie helfen kann, Ihr Ziel zu erreichen. Bei all dem sitzen Sie in einem bequemen Stuhl.

Sitze ich auch während der Hypnose? In der Regel ja. Das hat unter anderem den Vorteil, daß die Übertragung der Therapieeffekte auf Ihre Anwendungssituation leichter erfolgen wird – wenn Ihr Problem nicht ausgerechnet mit einer liegenden Haltung (Schlaf oder Sexualverkehr) verknüpft ist. Die für eine Therapie geeigneten Trancezustände lassen sich ohne weiteres im Sitzen entwickeln. Auch bleiben Sie dabei besser im Kontakt mit Ihrem Therapeuten.

Kann ich überhaupt in eine Trance gehen? Jeder Mensch ist dazu in der Lage. Trance ist ein Bestandteil der leib-seelischen Regulationen, die für eine vitale Balance unseres Organismus unerläßlich sind. Mehrmals am Tag entwickeln Sie unbemerkt natürliche Trancezustände, wenn sie »nicht ganz da« sind und dennoch nicht schlafen. Manchmal genießen sie das ganz bewußt als »Tagträumen« oder als erholsame Minuten, in denen Sie wegdriften, um dann wieder »zu sich zu kommen«. Nur denken Sie dabei nicht, daß es sich um eine Trance handelt. Auch bei Nacht, in Ihren Träumen, sind Sie in einer Art Trance.

Für die Trance-Einleitung können Sie Ihre Erinnerungen an solche natürlichen Trancesituationen benutzen: Ihr Erleben eines Ortes, an dem Sie sich einfach wohl fühlen, wobei ringsherum alles gleichgültig wird, oder eine Tätigkeit, bei der Sie abschalten können. Für manche Menschen ist es unglaublich, einfach in Trance zu gehen, und für andere ist es unglaublich einfach. Acht von zehn Personen können das mit Hilfe einfacher Anweisungen. Manche benötigen etwas mehr Übung darin oder eine speziellere Anleitung. Nur für eine kleine Minderheit ist die Hypnose als Lösungsweg nicht geeignet.

Was muß ich tun, um in Trance zu gelangen? Um zu entscheiden, was er Ihnen dazu vorschlagen wird, benötigt Ihr Therapeut erst noch einige Informationen von Ihnen. Dann genügt es in der Regel, wenn Sie genau auf das achten, was er Ihnen sagt, und es einfach ausprobieren. Betrachten Sie es als eine Gelegenheit, bei der Sie beide lernen, welcher Weg sich für Sie als der beste erweist. Dabei ist es hilfreich, wenn Sie eine geeignete Haltung einnehmen, nicht nur körperlich, sondern auch geistig, eine Haltung von achtsamer Gelassenheit oder gelassener Achtsamkeit.

Kann ich selbst bestimmen, wie schnell und tief ich in Trance gehe? Sicher! Sie werden das immer selbst bestimmen. Sie behalten Ihr Bewußtsein, Ihre Aufmerksamkeit und die Kontrolle über sich selbst. Sie können auch jederzeit die Entwicklung dieses Zustands unterbrechen, können jederzeit aussteigen oder auch innerlich »Moment!« sagen und verweilen, wo immer Sie verweilen möchten. Wenn es etwas gibt, das Sie Ihrem Therapeuten in Worten mitteilen wollen, können sie kurz unterbrechen, und sind dann auch in der Lage zu sprechen und den Trancezustand dabei aufrechtzuerhalten. Zum Thema Kontrolle können Sie in Hypnose lernen, mit Wissen und eigenen Kräften vertraut zu werden, die Ihnen zuvor nicht bewußt waren. Und so entwickeln Sie mit Hilfe Ihres Unbewußten nicht nur neue Möglichkeiten für sich, sondern auch eine Selbstkontrolle, die weiter geht als die durch ihr bisheriges Denken.

Wie merke ich, daß ich in Trance gehe? Sobald Sie in dieser gelassenen Haltung genau auf das achten, was Sie im Moment wahrnehmen, ermöglichen Sie gleichzeitig die Entwicklung einer Reihe von spontanen Reaktionen und feinen Veränderungen in Ihrem Organismus. Welche im einzelnen auftreten, in welcher Reihenfolge und Kombination, und wie deutlich sie wahrgenommen werden, das ist unterschiedlich:

Das kann gehen von einer wohligen körperlichen Gelöstheit oder einem »ganz eigenen Gefühl« über erinnerte oder neue Empfindungen bis hin zu deutlichen Veränderungen in der Wahrnehmung von Raum und Zeit. Wichtig dabei ist, daß Sie jeder Empfindung, wann immer etwas anklingt oder sich zeigt, Raum geben. Sie lassen es einfach da sein; im Erlebnisraum ist genügend Platz vorhanden. Sie beachten es einfach und achten auf jede noch so kleine Veränderung, die Sie bemerken.

Werde ich sicher aus der Trance zurückkehren? Ja, in jedem Fall werden Sie sich bei der Rückkehr in den Raum und die Zeit hier und jetzt in der vertrauten Weise im Körper wiederfinden und voll da sein. Und da ist es gut, wenn Sie beim Zurückkehren bewußt ein paarmal aktiv einatmen und die Arme und Beine kräftig strecken, bevor Sie die Augen öffnen. Wenn Sie zu Hause Hypnose in Eigenregie praktizieren wollen, zeigt Ihnen Ihr Therapeut, worauf Sie dabei achten müssen – sowohl beim Tiefergehen als auch bei der Rückkehr aus der Trance. Sie können das für Ihre Selbsthypnose nutzen lernen.

Werde ich mich später an alles erinnern können? Da hätten Sie aber viel zu tun! Je nachdem, wie lange Sie in Trance sind und wieviel Sie dabei erleben, wird es im Anschluß viel oder weniger zu erinnern geben. Aber es wäre ein erheblicher Aufwand, sich alles merken zu müssen, um es in die Situation danach bewußt mitzunehmen. Wenn Sie aus einem Urlaub zurückkehren, nehmen Sie ja auch nicht den ganzen Urlaub im Gepäck mit nach Hause. Meistens hat man daheim nicht einmal die Zeit, sich die Videos alle anzuschauen. Aber ein paar Fotos oder Ansichtskarten lassen Ihre Erinnerung schnell wieder lebendig werden. Jeder von uns bevorzugt seine eigenen Souvenirs; das kann auch eine Musik sein, vielleicht ein bestimmtes Lied, oder der besondere Geschmack von etwas oder das Gefühl, das Sie an ein schönes Erlebnis erinnert.

Und so können Sie es auch hier Ihrem intuitiven Wissen überlassen, eine geeignete Auswahl zu treffen; und alles übrige kann für eine Weile in den Hintergrund treten. Vielleicht mag Ihr Unbewußtes sich zu anderer Zeit damit befassen, vielleicht bei Nacht, während sie schlafen, in den zwei Stunden, die Sie jede Nacht träumen. Alles, was Sie erlebt haben, ist gut aufgehoben im intuitiven Wissen und kann von Ihrem Unbewußten dynamisch verwaltet und weiterhin gut genutzt werden. So kann es dann sein, daß Ihnen zur rechten Zeit etwas spontan einfällt, was Sie mit Ihrem Lernen in der Trance verbinden.

Könnte es sein, daß ich in der Trance ganz weg bin? Manchmal ist es schon vorgekommen, daß jemand einschlief. Dann ist man »ganz weg«. Bei der Hypnose aber gibt es immer einen Teil in Ihnen, der als stiller Beobachter das Geschehen in Trance mitverfolgt. Es kann sein – allerdings ist das sehr selten – daß Sie sich nach der Hypnose scheinbar an nichts mehr erinnern – und weil Sie sich an nichts erinnern, glauben Sie, die ganze Zeit geschlafen zu haben oder sonstwie »weggewesen« zu sein. Eine solche Amnesie kann aber prinzipiell wieder aufgehoben und das Wiedererinnern gefördert werden.

Kann ich in ein früheres Leben zurückgeführt werden? Glauben Sie, früher schon einmal gelebt zu haben? Wenn ja, dann wird es Ihnen natürlich möglich sein, in Trance ein Szenarium zu entwickeln, das Sie an ein früheres Jahrhundert oder Jahrtausend erinnert. Schließlich haben Sie bereits Vorstellungen davon. Unsere Wünsche und die Ideen, an denen wir hängen, wirken in die

Trance hinein; und unsere Erlebnisse in Trance, genauso auch in Träumen, beeinflussen wiederum das, was wir für möglich halten. Sie haben vielleicht gehört, daß eine starker Glaube sogar Berge versetzen kann.

Vielleicht ist Ihnen auch schon aufgefallen, daß es sich bei den Berichten von früheren Leben fast regelmäßig um irgendwie großartige Gestalten handelt. Mir sind bisher mehrere Töchter von Pharaonen oder Schamanen begegnet, aber noch nie eine ihrer Putzfrauen, obwohl es doch deutlich mehr Bedienstete und Leibeigene als Adelige gab. Das einfache Volk tut sich mit dem Reinkarnieren anscheinend erheblich schwerer.

Kann ich gegen meinen Willen hypnotisiert werden? Nein. Es muß schon etwas Interesse und innere Bereitschaft Ihrerseits vorhanden sein, damit Sie sich mittels einer anderen Person in Trance begeben. Wenn Sie es wirklich nicht wollen, müssen Sie eben darauf achten, daß es nicht zu einem Machtspiel kommt. Dieses ist dann gegeben, wenn jemand etwas beweisen möchte und dazu den andern herausfordert: »Sie können mich bestimmt nicht hypnotisieren!« oder so ähnlich. (Diese »Nicht«-Formulierung erinnert Sie an unser Einführungskapitel und was ich über Suggestionen schrieb, die ihr Gegenteil bewirken.) Jeder Bühnenhypnotiseur freut sich auf so jemanden, denn Herausforderer sind seine besten Mitspieler. Sie eignen sich vorzüglich, um die »bezwingende Macht« des Hypnotiseurs zu demonstrieren, die ihm von diesem Zuschauer selber zugespielt wurde.

Ist alles wahr, woran man sich in Hypnose erinnert? Nein, keineswegs. Genaueres hierzu finden Sie im dritten Kapitel unter den Überschriften »Freud: Hypnose und Psychoanalyse« und »Janet: Erinnern und Bearbeiten des Mißbrauchs«.

Kann Hypnose gefährlich sein? Ja. Aber es ist nicht die Methode, sondern ihr unsachgemäßer Gebrauch durch einen bestimmten Menschen, der gefährlich werden kann. Achten Sie also darauf, daß Sie mit einem *seriösen* Praktiker, also mit einem anerkannten Hypnosetherapeuten, zusammenkommen. Er sollte flexibel arbeiten, das heißt auf Sie individuell eingehen können.

Erickson sagte einmal, daß ihm einige Hypnosepraktiker vorkämen wie Geburtshelfer, die bei ihrer Tätigkeit immer das gleiche Gerät benutzen, nämlich die Zange. Und so käme es dann zu entsprechend bedauerlichen Ergebnissen (Zangengeburt-Schäden). Deshalb sollten Sie sorgfältig darüber entscheiden, wem Sie Ihren Vertrauenskredit geben. Als mündiger Patient achten Sie auch nach der Sitzung noch darauf, daß alles für Sie stimmt.

Im folgenden Kapitel finden Sie genauere Hinweise, um vermeidbare Risiken bei der Wahl des Therapeuten auszuschließen. Achten Sie darauf, daß sich der Therapeut im ganzen Verlauf ihrer gemeinsamen Arbeit als glaubwürdig, menschlich interessiert und fachlich kompetent erweist. Lassen Sie keinesfalls zu, daß Ihnen jemand zur Induktion oder Vertiefung Ihrer Trance Medikamente oder andere Substanzen in Tablettenform oder als Injektion verabreicht. Gehen Sie in keine Praxis, in der *nur* Hypnose angeboten wird. Sorgen Sie dafür, daß weder Sie noch andere in Showhypnosen hineingezogen werden. Solche Veranstaltungen sind mit Risiken verbunden, die der einzelne vorher nicht abschätzen kann.

So ist es mehrfach vorgekommen, daß Bühnenhypnotiseure, ohne es zu bemerken und damit umgehen zu können, bei Teilnehmerinnen ihrer Shows die abgespaltene Erinnerung an einen Mißbrauch in der Kindheit reaktivierten. Die analoge Erfahrung des Benutztwerdens durch einen verführerisch agierenden Mann, jetzt in Gestalt des Hypnotiseurs, ist dann der Auslöser für Reaktionen, die in der Mißbrauchssituation begründet sind. Während das Publikum mit Befriedigung das prompte Steifwerden und geistige Wegtreten dieser scheinbar besonders suggestiblen Person registriert, erlebt sie innerlich eine massive Bedrohung. Für diese hat sie keine anderen Bewältigungsmittel als die des Kindes von damals. Die körperliche Starrheit und das Alles-mit-sich-geschehen-Lassen werden nun auf der Bühne als hypnotische Phänomene bestaunt und benutzt, z.B. für die kataleptische Brücke (der Körper liegt dabei gestreckt und nur mit dem Nacken und den Füßen aufliegend zwischen zwei Stühlen). Im Falle einer solchen mißbräuchlichen Pseudo-Hypnose aber sind das nun Phänomene einer »pathologischen Eigentrance«, die durch die Suggestionen des Showmasters mitverursacht wurde.

Diese Retraumatisierung bringt die erwachsene Person in eine doppelt hilflose Lage: Einmal ist sie das noch immer nicht beschützte Kind, das sich geistig aus der Situation oder aus dem Körper abspalten muß; zweitens ist sie die Erwachsene, die das ursprünglich traumatisierende Erlebnis auch jetzt nicht in ihr Bewußtsein bringen kann. Dabei leidet sie unter massiven Gefühlen von Hilflosigkeit, Schuld und Verzweiflung, die sie selber nicht versteht. Diese Verwirrung und die depressive Gefühlslage sind lebensbedrohlich.

Ist es möglich, sich selbst zu hypnotisieren? Ja. Am zuverlässigsten lernen Sie das bei einem Hypnotherapeuten. Um nicht nur eine Entspannungsreaktion zu produzieren, sondern echte hypnotische Trancezustände zu erreichen, ist die Erfahrung einer kooperativen Hypnose fast unabdingbar. Ihr Selbsthypnosetraining läuft dann zuerst über eine ganz normale Hypnose, die in einigen Schritten zu der für sie passenden Selbsthypnose umgestaltet wird. Diese sollten Sie dann selbständig weiterüben, um sie schließlich flexibel für Ihre Situationen und Zwecke verwenden zu können, z.B. zur Förderung Ihrer Gesundheit, zur Steigerung Ihrer Kreativität und zur Erreichung von Zielen. Ein gutes Buch zu diesem Thema ist »Hypnose lernen« von Revenstorf und Zeyer (München, 1994).

Was ist bei Hypnose-Cassetten zu beachten? Gute Trance-Cassetten können Entspannung und leibseelische Erholung fördern. Wenn sie für eine Therapie eingesetzt werden, müssen die Texte inhaltlich und sprachlich präziser auf die Person des Hörers abgestimmt sein. Cassetten können eine Psychotherapie unterstützen, nie jedoch ersetzen. Ein für den Erfolg von Suggestions-Cassetten wesentlicher Faktor ist das Engagement und die Mitarbeit des Betroffenen. Er sollte die Cassette wiederholt und in einer günstigen mentalen Haltung hören. Ob es zu dieser Mitarbeit kommt, hängt u. a. von der Erwartung ab, mit der Cassette Erfolg zu haben. Jemand der glaubt, daß ihm die Aufnahme helfen kann, hört sie auch öfter und beachtet die auf dem »Beipackzettel« gegebenen Hinweise.

Mein Heilpraktiker hat gesagt, er macht jetzt auch Hypnose. Was halten Sie davon? Nichts. (Ich weiß, das hört er nicht gern. Aber weil ich ihn nicht kenne, kann ich hier nur eine generelle Aussage machen.) Meine Meinung gibt die Haltung der bedeutenden Hypnosefachverbände zu dieser Frage wieder. Diese bilden aus guten Gründen nur solche Personen zu Hypnotherapeuten aus, die als Grundqualifikation ein abgeschlossenes Studium der Medizin oder der Psychologie vorweisen können. Einige Verbände verlangen zusätzlich den Nachweis einer Weiterbildung in einem anerkannten psychotherapeutischen Verfahren.

Eines der Hauptargumente für diese Grenzziehung ist die Tatsache, daß von ihrem *Erscheinungsbild* her hypnotische Phänomene sich von gewissen Phänomenen nicht unterscheiden, die bei Menschen zu beobachten sind, die psychotisch reagieren, z.B. halluzinieren, geistig aus ihrem Körper heraustreten, eine kataleptische Starre entwickeln. Wenn nun Praktiker, die sich nicht eingehend mit Fragen der Psychopathologie beschäftigt haben, Hypnosetherapie anbieten, kann dies in manchen Fällen gefährlich sein. Es genügt nicht, ein Buch über Geisteskrankheiten gelesen zu haben. Man sollte dieses Gebiet aus der Praxis kennen. Gelegenheit dazu bietet das Studium in klinischer Psychologie (Psychopathologie ist ein Diplom-Prüfungsfach) und die Facharztausbildung in Psychiatrie.

Im folgenden und letzten Kapitel will ich Ihnen wichtige Hinweise und einige konkrete Hilfestellungen für die Therapeutenwahl geben. Sie sollen eine wirklich gute Wahl treffen können.

Wie finde ich einen geeigneten Hypnose-therapeuten?

Sie haben jetzt eine Menge gelesen und verfügen nun über ein Wissen, das dem aktuellen Stand der Hypnoseforschung entspricht. Vielleicht wollen Sie deshalb erfahren, wie Sie einen kompetenten Hypnosetherapeuten finden, bei dem Sie sich wohl fühlen und mit hoher Wahrscheinlichkeit profitieren werden. Was müssen Sie dafür tun, und wie treffen Sie eine wirklich gute Wahl? Dann gibt es noch die Bezahlung ihrer Hypnosetherapie zu klären und die Frage, woher Sie Adressen von qualifizierten Fachleuten bekommen.

◀ Ausgestattet mit Adressen kompetenter Hypnosetherapeuten und wertvollen Tips aus diesem Buch empfiehlt sich für Interessenten, telefonischen Kontakt mit möglichen Behandlern aufzunehmen.

Tips für die Wahl des geeigneten Therapeuten

Sie haben sich anhand dessen, was Sie in diesem Buch gelesen haben, ein ungefähres Bild von dem machen können, was hypnoseorientierte Therapie auszeichnet. Es ist wohl deutlich geworden, daß es sich dabei nicht nur um verschiedenste Anwendungsbereiche, sondern auch um unterschiedliche Stile handelt, die von den einzelnen Vertretern praktiziert werden. Dennoch sollten Sie immer im Auge behalten: Wenn es sich um ein sehr individuelles Thema handelt – und das ist meistens der Fall, wenn eine Hypnosetherapie angezeigt ist –, dann ist für den Erfolg die therapeutische *Beziehung* ausschlaggebend. Ohne sie geht gar nichts; sie ist die Basis für den konstruktiven Änderungsprozeß, auch in der Hypnose. Es geht also darum, einen Therapeuten zu finden, der sich für Sie als Person interessiert und in dessen Gegenwart Sie sich in zunehmendem Maße angenommen fühlen. Das ist eine wesentliche Voraussetzung dafür, daß Sie selber dem unbewußten Wissen, das Ihnen in Trance begegnet, wohlwollend Raum geben können.

Sorgfältig auswählen und genügend Zeit lassen

Eine wichtige Bedingung dafür, daß sich dieses Vertrauen entwickelt, ist die Sorgfalt bei der Auswahl des Therapeuten. Nur wenn Sie sich der Alternativen bewußt sind, die Sie tatsächlich haben, können Sie sich wirklich für etwas entscheiden. Und ein solcher eigenverantwortlich getroffener Entschluß ist eine bessere Grundlage für alle Schritte und Entscheidungen in der Folge. Natürlich hat jeder von uns in sich einen progressiven, risikobereiten Teil, der ganz schnell und auf direktestem Wege zu dem Ziel kommen möchte, das ihm wünschenswert scheint.

Dieser Persönlichkeitsteil verlangt dringlich eine Änderung »lieber gestern als heute« oder fordert kategorisch: »Das muß jetzt unbedingt klappen!«. Das ist nach einer langen Strecke des Leids und der Verluste ganz verständlich. Aber haben Sie die Eigensuggestion bemerkt, die in dem Ausdruck »unbedingt« steckt? Sind

Sie wirklich bereit, das lästige Symptom oder das leiderzeugende Beziehungsmuster bedingungslos, also tatsächlich *zu jeder Bedingung* zu beenden? – wenn es sein müßte also auch um den Preis des Lebens? Natürlich würden Sie dazu sofort und entschieden »Nein!« sagen; »das war ja nur so gesagt«. Aber wie Hypnosetherapeuten wissen, enthalten unsere Selbstgespräche unbemerkt oft genau jene Suggestionen, die zur problematischen »Eigentrance« und damit zum Symptom beitragen.

Das Weiterexistieren des Organismus und seine Identität dürfen durch die therapeutisch bewirkte Änderung nicht bedroht werden, sonst wird sich Ihre andere Seite, die für eine Erhaltung der lebensnotwendigen Balance des Organismus wirkt, um so mehr in Szene setzen müssen. Dies wird dann vom Standpunkt der änderungsfordernden Seite Ihrer Persönlichkeit als Widerstand gegen die geforderten und gut gemeinten Veränderungsbemühungen interpretiert.

Der änderungsfordernde Teil wird häufig noch von einem anderen unterstützt, der alles mit dem geringsten Eigenaufwand bekommen möchte und mit Instant-Lösungen liebäugelt. Diese Orientierung birgt die Gefahr in sich, auf Mogel- und Sparpackungen hereinzufallen, die ihren Preis letztlich nicht wert sind. Dann geht nicht nur das investierte Geld, sondern auch wertvolle Zeit, Motivation und schließlich Ihr Glaube verloren, daß Ihnen wirklich geholfen werden kann.

Eigene Vorbehalte beachten

Sie sehen also, daß es die andere, kritische Seite nicht leicht hat, ihr gewichtiges Anliegen angemessen zu vertreten, sobald ein Zwang zur Veränderung besteht. Ihre Vorbehalte erscheinen dann häufig als »negativ« und gegen die Therapie gerichtet, obwohl sie sich lediglich gegen ein kurzschlüssiges Behandeltwerden richten. Als Teil des lebendigen Organismus hat Ihre bremsende Seite ebenfalls ein vitales Interesse an einer Veränderung, will diese aber nicht um jeden Preis. Ihr »Widerstand« legt nahe, jede Veränderungsbemühung daraufhin zu überprüfen, ob sie zur Ganzheit Ihrer Person, zu Ihrer Beziehung zu sich selbst und zu anderen paßt. Die Bedürfnisse nach Veränderung *und* nach einer Bewahrung der eigenen Identität müssen im therapeutischen Angebot und im Ergebnis gut ausbalanciert sein. Als Klient müssen Sie eine Sicherheit spüren, daß die Therapie letztlich zu mehr Lebensqualität führt. Das ist eine Grundbedingung dafür, daß innerlich der Weg frei wird und alle Seiten Ihrer Person zur Erreichung dieses Zieles beitragen können.

Man könnte deshalb sagen, daß dieser kritische Teil in jedem von uns sehr genau beobachtet, wie der veränderungsfordernde Teil es anstellt, Hilfe zu bekommen, und auf was er sich dabei einläßt. Was in dieser Orientierungsphase geschieht, entscheidet mehr über den Erfolg, als der drängende Teil sich eingestehen möchte. Deshalb ist sorgfältiges Überprüfen dem überhasteten Griff nach dem erstbesten Angebot allemal vorzuziehen. Beim Einkaufen in der Obstabteilung schauen Sie sich die Früchte an, bevor Sie sie in die Tüte stecken; und manchmal legen Sie eine gleich wieder zurück, sobald Sie bemerken, daß sie zu weich oder gar angefault ist. Dieses Recht sollten Sie sich auch bei der Wahl Ihres Therapeuten nehmen, und den kurzen Zeitaufwand für die kritische Auswahl werden Sie sich sicher zugestehen.

Informieren und kritisch abwägen

Was würde ich selbst tun, wenn ich als Laie einen Hypnosetherapeuten auswählen möchte? Ich würde mich vorweg über die moderne Hypnosetherapie informieren und dazu ein möglichst aktuelles Buch eines Experten lesen. Wenn mir ein Buch marktschreierisch erscheint und mein kritischer Teil in mir »Vorsicht!« oder »Moment mal!« sagt, vergleiche ich mit einem zweiten Buch, wie die betreffenden Inhalte dort dargestellt werden. In demjenigen, das auf mich den kompetentesten und ehrlichsten Eindruck macht, würde ich nachsehen, welche Therapiegesellschaften aufgeführt werden, an die man sich wenden kann, um die Adressen von qualifizierten Therapeuten zu bekommen.

Die angeschriebene Therapiegesellschaft sollte mir nicht nur deren Anschriften schicken, sondern auch kurz erläutern, welche Qualifikationen diese Fachleute nachweisen mußten, um auf die

Liste zu kommen. Ich würde nur solche Personen als Therapeuten akzeptieren, die a) ein Psychologie- oder Medizinstudium abgeschlossen haben und dazu b) eine psychotherapeutische Weiterbildung absolviert haben.

Einzige Ausnahmen davon sind: Anästhesie- und Zahnärzte, wenn aufgrund einer Narkosemittel-Unverträglichkeit eine hypnotische Schmerzkontrolle erforderlich wird oder die Angst vor der Spritze eine notwendige Behandlung bisher unmöglich machte; Allgemeinärzte, wenn Hypnose zur Entspannung, zur Verringerung von Streßfolgen und zur Harmonisierung vegetativer Funktionen (wie Blutdruck, Durchblutung, Verdauungstrakt) angezeigt ist; außerdem Gynäkologen, wenn Hypnose zur Geburtsvorbereitung eingesetzt wird.

Ich achte dann darauf, daß diese Fachleute eine wirklich qualifizierende Zusatzausbildung in Hypnosetherapie (bzw. »Klinische Hypnose«, »Medizinische Hypnose« oder »Zahnärztliche Hypnose«) durchlaufen haben, über deren Inhalte und Umfang ich mich bei der jeweiligen Gesellschaft jederzeit informieren könnte. Im Vergleich der Ausbildungsrichtlinien verschiedener Gesellschaften zeigen sich erhebliche Unterschiede.

Die höchsten Anforderungen werden von der Milton-Erickson-Gesellschaft für Klinische Hypnose gestellt. Als Voraussetzung für eine Teilnahme an dieser Ausbildung haben die Psychologen und Ärzte eine psychotherapeutische Weiterbildung mitzubringen. Im Rahmen der zweijährigen Hypnotherapie-Fortbildung sind dann 208 Stunden Grund- und Anwendungsseminare zu absolvieren, und in über 50 Supervisionsstunden wird die hypnotherapeutische Arbeit überprüft, bevor das Zertifikat dieser Gesellschaft erlangt werden kann.

Das führt naturgemäß im Vergleich mit der 40stündigen Hypnoseausbildung einer anderen Gesellschaft zu einem erheblichen Vorsprung in der Qualifikation und im Methodenrepertoire der betreffenden Therapeuten. Jedoch: Nicht jeder muß topqualifiziert sein, um mit Patienten vernünftig arbeiten zu können. Das wäre ein unrealistischer Anspruch. Wenn man sich zum Beispiel der Grenzen des Autogenen Trainings bewußt ist, kann man es –

bei der für das AT geeigneten Klientel – sehr nutzbringend einsetzen. Diejenigen Patienten aber, die einer weitergehenden Therapie bedürfen, sollten sich an einen dafür speziell ausgebildeten Therapeuten wenden bzw. rechtzeitig eine entsprechende Überweisung bekommen.

Der erste telefonische Kontakt: Testen Sie den Therapeuten

Zurück zu unserem Szenarium »Ich suche den für mich geeigneten Hypnosetherapeuten«. Sobald ich nun die obigen Überlegungen hinter mir habe, kann ich mit bestem Wissen und Gewissen den nächsten Schritt tun. Und jetzt erst beginnt es eigentlich spannend zu werden.

Ich habe mir also eine Liste von Experten kommen lassen, die für die Art meines Problems kompetent sein dürften. Und nun setze ich mich mit mindestens zwei von ihnen, die nicht zu weit entfernt praktizieren, telefonisch in Verbindung. Auf diese Minuten stelle ich mich richtig ein und gewährleiste von meiner Seite aus gute Bedingungen für den ersten Kontakt.

Ich gebe dem Telefonpartner etwas Vertrauensvorschuß; denn jede echte Begegnung ist ein Abenteuer und jeder von uns soll dabei seine Chance haben. Erst nach einem fairen Gespräch am Telefon lohnt es sich, einen Termin zu vereinbaren. Letztlich achte ich darauf, ob mir der Therapeut am Telefon dabei hilft, mich klar auszudrücken und gefühlsmäßig sicherer zu werden. Ich will mich von ihm verstanden fühlen. Komme ich bei diesem Therapeuten als Mensch an? Ist da Raum für mich und mein Anliegen? Erlebe ich den Therapeuten als ehrlich und menschlich? Spüre ich, daß es für mich gut sein könnte, wenn ich zu ihm gehe? Bin ich durch das kurze Gespräch vielleicht schon etwas zuversichtlicher geworden und neugierig auf den persönlichen Kontakt?

Natürlich versuche ich, soweit mir das möglich erscheint, seine fachliche Kompetenz zu testen. Nur, welche Fragen eignen sich dafür? Und welche Art zu antworten signalisiert mir die Qualitäten, die ich suche?

Einige »Testfragen«

- Sicherlich ist es wichtig, daß ich dem Therapeuten sage, warum ich komme bzw. was ich mit Hilfe der Hypnose ändern möchte. Ich kann das anfangs nur mit ein paar Schlagworten umreißen und mit der Frage verknüpfen, ob er glaubt, mir helfen zu können. Jetzt ist auf folgendes zu achten: Antwortet mein Gesprächspartner mit Phrasen und pauschalen Versprechungen (»Ja, ich verstehe Sie gut – und da kann die Hypnose sicher helfen!« etc.) ohne mir das Gefühl zu vermitteln, mich wirklich verstanden zu haben – dann ist Vorsicht geboten. Ich hätte dann die Befürchtung, daß ihm mein Wohlergehen viel weniger am Herzen liegt, als daß seine Praxis »brummt«. Antwortet der Therapeut hingegen »Lassen Sie mich dazu bitte ein paar Fragen stellen, damit ich sicher sein kann, verstanden zu haben, um was es Ihnen geht und wie unsere Therapie Ihnen nützlich sein kann« – dann habe ich das begründete Gefühl, in guten Händen zu sein.

- Eine zweiter Test könnte darin bestehen, daß ich mich sehr leidend darstelle und verzweifelt auf einen baldmöglichen Termin dränge – am besten schon morgen – und gleich noch dazu sage: »Ich kann aber nur abends, und nur um 18 Uhr« oder so ähnlich. Erweist sich der Therapeut als sehr beflissen darin, einer solchen Vorgabe zu entsprechen, dann denke ich, daß er wenig zu tun hat und daß er mich vielleicht mehr braucht als ich ihn. Nehmen Sie also einen von Ihnen erzwungenen Termin *nicht* an! Lassen Sie sich irgend etwas einfallen; letztlich geht es um den Schutz Ihrer berechtigten Interessen.

- Ein anderer Test besteht darin, ihn zu fragen, ob er bei meinem Beschwerdebild Erfolge vorweisen könne. Wenn er anfängt, mit solchen zu prahlen (um mich von seiner Klasse zu überzeugen), tauchen bei mir berechtigte Zweifel auf, ob ich von so jemanden profitieren kann.

Diese Telefonszenarien sind wahrscheinlich nicht nach Ihrem Geschmack. Natürlich macht man das nicht zum Spaß. Wenn es aber darum geht, eine gute Wahl zu treffen, muß man das Angebot prüfen. Soweit das möglich ist, sollten Sie ausschließen, daß Ihnen gleichsam das Falsche serviert wird oder das Servierte falsch gewürzt ist. Wenn Sie gut essen wollen, überlegen Sie doch auch, was Ihnen bekommt, was Sie dafür brauchen und tun müssen. Wissen Sie: Wir alle kochen nur mit Wasser. Der Unterschied ist lediglich, mit *welchem* der einzelne kocht. Sie sollten abgestandenes oder trübes Wasser erkennen und frisches, klares bevorzugen. Das kommt dann Ihrer Gesundheit zugute.

Rahmenbedingungen klären und vergleichen

Wie sehen die Rahmenbedingungen der Therapie aus, die Zeiten, das Honorar. Was ist, wenn ein Termin nicht eingehalten wird? Wird mir das klar gesagt? Welche Erwartungen muß ich dabei möglicherweise korrigieren? Der Therapeut sollte Ihnen nicht nach dem Mund reden, sondern sagen, was er zu sagen hat. In dem, *was* er sagt und *wie* er es sagt, muß er für Sie glaubwürdig sein. Haben auch Sie selbst deutlich ausgedrückt, um was es Ihnen geht und was Sie vom Therapeuten erwarten? Hat er Ihnen gesagt, daß er Ihnen (wie jeder seriöse Arzt) keine Erfolgsgarantie geben kann; daß er aber, wenn er einen Termin mit Ihnen vereinbart, eine realistische Chance für Sie sieht?

Probieren Sie das gleiche mit noch mindestens einer anderen Adresse aus. Dann erst können Sie entscheiden, welchem Therapeuten Sie den Vorzug geben. Rufen Sie ihn dann nochmals an, möglichst in seiner persönlichen Telefonzeit, und vereinbaren Sie Ihre erste Sitzung. Gehen Sie davon aus, daß diese Sitzung (wenn nicht anders vereinbart) 50–60 Minuten dauert und zur diagnostischen Abklärung, zur genauen Bestimmung des konkreten Therapiezieles und zur Überprüfung Ihrer natürlichen Fähigkeit dient, in eine therapeutische Trance zu gehen. Diese erste Stunde ist also bereits eine richtige Therapiesitzung, für die das vereinbarte Honorar zu zahlen ist.

Kosten und mögliche Kassenerstattung

Hypnose ist preisgünstig

Eine eher untergeordnete Rolle dürfte bei einer Hypnosetherapie die Frage spielen, ob die Kosten von einer Krankenkasse übernommen werden. Denn man muß sich klarmachen, daß diese effiziente Kurzzeittherapie in 75 % der Fälle weniger als 20 Sitzungen benötigt. In den meisten Fällen dauert sie fünf bis fünfzehn Sitzungen. Da die meisten Hypnotherapeuten trotzdem nicht mehr als andere Psychotherapeuten berechnen (DM 150,– bis DM 200,– pro Sitzung), können die Kosten der Therapie vom Durchschnittsverdiener in der Regel selbst bezahlt werden. Bei fünfzehn Sitzungen mit einer Sitzung pro Woche stehen dazu vier Monate zur Verfügung. Sie müssen nicht mehr mit den immensen Kosten rechnen, die durch langdauernde Psychoanalysen mit drei Sitzungen pro Woche verursacht wurden. Das konnten sich nur besonders privilegierte Personen leisten, oder die Solidargemeinschaft der Krankenversicherten mußte die Kosten übernehmen.

Trotz einer weitverbreiteten Versorgungsmentalität in unserer Gesellschaft gibt es immer mehr Personen, die es vorziehen, für die Kosten ihrer Therapie selbst aufzukommen. Vielleicht spüren sie irgendwie, daß nach all den Behandlungsmaßnahmen, denen sie sich in der herkömmlichen Krankenversorgung unterworfen haben, jetzt eine das Übliche überschreitende Therapie notwendig ist. Vielleicht wollen sie auch selbst bezahlen, um die Vorteile zu genießen, die auf diese Weise zu erwarten sind (und in Untersuchungen nachgewiesen wurden): eine kürzere Dauer und höhere Erfolgsquote der Therapie sowie ein persönlich befriedigenderes Klima.

Krankenversicherung und Hypnose

In der Gebührenordnung für Ärzte und im Leistungskatalog fast aller Krankenkassen und Krankenversicherungen wird Hypnose schon lange als abrechenbare Leistung aufgeführt. Der in

Deutschland abzurechnende Gebührensatz für Hypnose ist sehr niedrig. Er bezieht sich noch auf die ärztliche Hypnose früherer Tage, die im Leistungskatalog wie ein »übendes Verfahren« ähnlich dem Autogenen Training eingestuft wurde.

Hier ist dringend Abhilfe zu schaffen, denn die geringe Vergütung macht es für viele Ärzte zu einer Art idealistischen Hobbys, Hypnose anzuwenden. Dieser Umstand ist mit dafür verantwortlich, daß angesichts der Kosten einer qualifizierenden Fortbildung in medizinischer Hypnose oder Hypnotherapie viele Ärzte bisher zögerten, sich entsprechend weiterzubilden.

Psychotherapeuten, die über die Kasse eine Verhaltenstherapie oder tiefenpsychologische Therapie abrechnen, nutzen das manchmal als Möglichkeit, um die tatsächlich angewandte Hypnotherapie angemessen honoriert zu bekommen. Aus diesem Grund erscheint Hypnose dann kaum in den Behandlungsstatistiken der Krankenkassen. Tatsächlich wird sie immer häufiger angewandt, trägt aber wegen dieser Abrechnungspraxis zur Behandlungs- und Erfolgsstatistik der Verhaltenstherapie und der tiefenpsychologischen Verfahren bei.

Barrieren durch die Gesetzeslage

In Deutschland ist zum gegebenen Zeitpunkt die Situation der psychologischen Psychotherapeuten immer noch nicht befriedigend geregelt und läßt deshalb eine generelle Aussage über die Abrechnung bzw. Erstattung einer Hypnosetherapie nicht zu. Bedauerlicherweise müssen Sie bis auf weiteres davon ausgehen, daß aufgrund der durch das Psychotherapiegesetz 1998 geschaffenen Lage viele qualifizierte Diplom-Psychologen die Hypnotherapie nicht mit den gesetzlichen Krankenkassen abrechnen können. Es liegt dann letztlich an Ihnen zu entscheiden, was Sie für Ihre Gesundheit und Lebensqualität zu tun bereit sind und für eine entsprechende fachliche Hilfestellung aufwenden wollen.

Wenn Sie über kein ausreichendes Einkommen verfügen, fragen Sie einfach den Therapeuten am Telefon: »Wie steht es mit einer Übernahme der Kosten durch meine Kasse, wenn ich zu Ihnen komme?« Je nachdem, ob Sie in einer gesetzlichen Versicherung oder privat versichert sind, gibt es da Unterschiede, die nur mit dem jeweiligen Therapeuten geklärt werden können. Auch für privat Versicherte gelten, je nach Versicherung und individuellem Vertrag, recht unterschiedliche Bedingungen.

Wenn Sie sich in einer Klinik stationär oder ambulant hypnotherapeutisch behandeln lassen, wird die Honorarfrage entsprechend den dort geltenden Bestimmungen geregelt. In Deutschland gibt es inzwischen fünf Kliniken, die Hypnosetherapie als zentrales Verfahren oder zusätzliches Behandlungselement (z.B. bei der Rehabilitation von Herz- und Kreislauferkrankungen oder in der Therapie von Abhängigkeiten) anbieten.

Wegen der Kostenregelungen, die aktuell in der Schweiz und in Österreich gelten, fragen Sie bitte bei den Therapiegesellschaften in dem jeweiligen Land nach. Deren Anschriften finden Sie auf den folgenden Seiten.

Adressen

Die hier aufgeführten Therapiegesellschaften genießen in der Fachwelt einen guten Ruf. Sie können eine größere Zahl von Behandlern vermitteln, so daß eine gewisse Flächendeckung gewährleistet ist.

Deutschland:

Milton-Erickson-Gesellschaft für Klinische Hypnose e.V. (M.E.G.)
Konradstr. 16
D-80801 München
Tel. (089) 33 62 55; Tel.+ Fax: (089) 34 02 97 20
http://ourworld.compuserve.com/homepages/milton_erickson

Deutsche Gesellschaft für Hypnose e.V. (DGH)
Druffelsweg 3
D-48653 Coesfeld
Tel. (02541) 7 00 07, Fax: (02541) 7 00 08

Deutsche Gesellschaft für zahnärztliche Hypnose (DGZH)
Esslingerstr. 40
D-70182 Stuttgart
Tel. (0711) 2 36 06 18; Fax: (0711) 24 40 32

Österreich:

Milton-Erickson-Gesellschaft für Klinische Hypnose und Kurztherapie Austria (MEGA)
Waldmeistergasse 43
A-1040 Wien
Tel. +43 (0)1–664/321 18 55

Schweiz:

Gesellschaft für Klinische Hypnose Schweiz (GHypS)
Apollostr. 8
CH-8032 Zürich
Tel. +41 (0)1–383 89 38; Fax: – 383 89 40
e-mail: smsh@access.ch

Schweizerische Ärztegesellschaft für Hypnose (SMSH)
Kehrsitenstr. 23
CH-6362 Stansstad
Tel. +41–281 17 45; Fax: –280 30 36

Empfohlene Literatur

Bongartz, W. & Bongartz B. (1992). *Hypnose. Wie sie wirkt und wem sie hilft.* Reinbek: Rowohlt.

Bongartz, W. & Bongartz, B. (1998). *Hypnosetherapie.* Göttingen: Hogrefe.

Erickson, M.H. & Rossi, E.L. (1989) *Hypnotherapie: Aufbau – Beispiele – Forschungen.* München: Pfeiffer.

Gerl, W. (1990). *Hypnose als Therapie.* In D. Revenstorf (Hrsg.), Klinische Hypnose. Berlin: Springer.

Gerl., W. (1997). *Frei werden – und es bleiben. Was macht die hypnotherapeutische Raucherentwöhnung so effektiv?* Hypnose & Kognition 14(1).

Gilligan, S.G. (1995). *Therapeutische Trance: Das Prinzip Kooperation in der Ericksonschen Hypnotherapie.* Heidelberg: Carl Auer.

Kinzel, D. (1993). *Psychoanalyse und Hypnose.* München: Quintessenz.

Kossak, H.-C. (1993). *Hypnose – Ein Lehrbuch.* München: Psychologie Verlags Union.

Peter, B. & Gerl, W. (1988). *Entspannung: Muskelentspannung, Autogenes Training und Meditation.* München: Mosaik.

Peter, B., Kraiker, C., Revenstorf, D. (Hrsg.) (1991). *Hypnose und Verhaltenstherapie.* Bern: Huber.

Revenstorf, D. & Zeyer, R. (1996). *Hypnose lernen: Leistungssteigerung und Streßbewältigung durch Selbsthypnose.* Heidelberg: Carl Auer.

Scholz, W. (1986). *Taoismus und Hypnose.* Augsburg: AV.

Scholz, W.-U. (1994). *Hypnose und Hypnotherapie: Was sie auszeichnet, wie sie wirkt und wem sie hilft.* Mannheim: PAL.

Svoboda, T. (1990). *Das Hypnosebuch.* München: Knaur.

Watzlawick, P., Weakland, J.H. und Fish, R. (1974). *Lösungen: zur Theorie und Praxis menschlichen Wandels.* Bern: Huber.

Zeig, J. (1995). *Die Weisheit des Unbewußten: Hypnotherapeutische Lektionen bei Milton H. Erickson.* Heidelberg: Carl Auer.

Sachverzeichnis